다시 생각해도 되는 학교

다시 생각해도 되는 학교

발행일 2026년 2월 6일

지은이 이환규
펴낸이 손형국
펴낸곳 (주)북랩

출판등록 2004. 12. 1(제2012-000051호)
주소 서울특별시 금천구 가산디지털 1로 168, 우림라이온스밸리 B동 B111호, B113~115호
홈페이지 www.book.co.kr
전화번호 (02)2026-5777 팩스 (02)3159-9637

ISBN 979-11-7598-110-2 03370 (종이책) 979-11-7598-112-6 05370 (전자책)

본 도서는 (주)북랩이 보유한 리코 인쇄 장비 등 자체 생산 인프라를 통해 제작되었습니다.

교수-학습 지원센터(배움실험실)로 다시 묻는 학교의 역할

다시 생각해도 되는 학교

이환규 지음

무엇이 틀렸는지를 묻는 순간,
배움은 멈춘다.

어디에서 멈추었는지를 함께 볼 때,
학교는 다시 움직인다!

머리말

⋮

학교의 선택을 다시 바라보다

학교에는 늘 많은 선택이 있습니다. 새로운 제도를 도입할 것인가, 기존의 방식을 유지할 것인가, 혹은 지금 하고 있는 일을 조금 다르게 바라볼 것인가.

이 책은 그 수많은 선택 가운데, '다르게 바라보는 선택'에 대한 이야기입니다. 수업이 기대만큼 흘러가지 않을 때, 설명을 더 해도 배움이 이어지지 않을 때, 학교는 보통 더 빠른 해결이나 더 분명한 판단을 선택해 왔습니다.

그러나 이 책은 그 순간에 다른 선택이 가능했는지를 묻습니다. 이 책이 던지는 질문은 단순합니다. 학교는 언제, 무엇을 허용해 왔는가. 그리고 그 선택은 가르침과 배움에 어떤 조건을 남겼는가.

그 질문의 끝에서 이 책은 '교수-학습 지원센터(배움실험실)'라는 이름의 공간을 이야기합니다. 이 공간은 새로운 프로그램이 아니라 학교가 교수와 학습을 다루는 태도를 공간과 구조의 언어로 드러낸 하나의 선택입니다.

여기서 말하는 '다시 생각한다'는 것은 망설이거나 미루는 태도가 아닙니다. 성과와 판단의 언어로부터 잠시 거리를 두고, 교사와 학생이 자신의 생각을 안전하게 꺼내 놓을 수 있도록 조건을 지키는 일에 가깝습니다.

이 책은 무엇을 더 해야 하는지를 말하지 않습니다. 대신, 무엇을 서두르지 않기로 했는지, 누구의 말을 먼저 머물게 했는지, 어떤 판단을 잠시 유예했는지를 차분히 기록합니다. 이 과정에서 수석교사의 역할 역시 다시 등장합니다. 그러나 이 책은 수석교사를 앞에 세우기보다, 그 역할이 학교의 일상 속에서 어떻게 구조로 번역될 수 있었는지를 따라갑니다.

이 책이 누군가에게는 기준이 되고, 누군가에게는 안도감이 되며, 또 누군가에게는 '나만 이런 고민을 한 것은 아니었구나'라는 작은 공감으로 남기를 바랍니다. 그리고 무엇보다 학교가 다시 한번 생각해도 되는 공간으로 남아 있기를 바랍니다.

이 책은 그 가능성을 믿고, 그 가능성을 지켜 온 선택들을 서두르지 않고 기록한 이야기입니다.

2026년 2월
이환규

목차

함께 만들어 가는 가이드

'함께 만들어 가는 가이드'를 현장에 연결하기

부록

1부

선택은 어떻게 공간이 되었는가

1부를 읽기 전에

선택은 어떻게 공간이 되었는가

이 책의 1부는 수석교사실이라는 공간을 새롭게 제안하기 위한 장이 아니다. 또한 '교수-학습 지원센터(배움실험실)'를 하나의 모범 사례나 운영 모델로 설명하려는 부분도 아니다. 오히려 이 부는 학교 안에서 오랫동안 말로는 충분히 설명되어 왔지만, 일상에서는 늘 같은 모습으로 작동하지는 않았던 수석교사의 역할을 다시 바라보는 데서 출발한다.

수석교사는 무엇을 하는 사람인가. 이 질문은 이미 여러 문서와 연수, 안내 자료를 통해 반복되어 왔다. 그럼에도 불구하고 학교 현장에는 이 질문만으로는 설명되지 않는 장면들이 존재했다. 어떤 학교에서는 수석교사의 역할이 교사의 일상 속에 자연스럽게 스며들었고, 어떤 학교에서는 같은 역할이 필요할 때만 조심스럽게 호출되거나 쉽게 멀어지기도 했다.

이 차이는 개인의 역량이나 태도만으로 설명되기 어렵다. 그래서 1부는 질문의 방향을 조금 바꾼다. '수석교사가 무엇을 해야 하는가'가 아니라 '이 역할은 어떤 조건 속에서 허용되어 왔는가' 그리고 '학교는 그 조건을 어떻게 선택해 왔는가'를 묻는다.

부의 다섯 장은 이 질문을 따라 차분하게 이동한다. 수석교사실이 어디에 있는가를 묻는 문제에서 출발해 수석교사의 역할을 다시 확인하고, 교사 지원과 학생 지원을 나누지 않는 이유를 살펴보며, 공식 명칭과 생활 언어에 담긴 선택의 의미를 차례로 짚는다. 이 과정을 통해 '교수-학습 지원센터(배움실험실)'는 새로운 제도가 아니라, 이미 기대되어 왔던 역할이 학교 안에서 가장 무리 없이 드러나도록 선택된 하나의 구조로 자리 잡는다.

이 부는 무엇을 하라고 지시하지 않는다. 대신 학교가 어떤 선택을 해 왔는지, 그 선택이 언제 작동했고 언제 흔들렸는지를 공간이라는 언어로 다시 읽어 보게 한다. 그 과정에서 독자는 수석교사실을 더 이상 위치나 규모의 문제로 바라보지 않게 된다.

1부를 다 읽고 나면 수석교사실은 '어디에 있느냐'의 문제가 아니라, '학교가 어떤 질문을 안전하게 머물게 할 것인가'의 문제로 보이게 될 것이다. 그리고 그 지점에서 이 책의 다음 이야기는 자연스럽게 '무엇을 할 것인가'가 아니라 '어떻게 작동하고, 어떻게 지켜지며, 어떻게 이어질 수 있는가'로 넘어간다.

수석교사실을 다시 바라보다

-장소가 아닌 역할, 공간이 아닌 구조-

이 장은 수석교사실이라는 공간을 통해
수석교사가 학교 안에서
어떻게 존재해야 하는지를 다시 묻는다.

수석교사실은 '어디에 있는가'의 문제가 아니다

수석교사실을 다시 생각한다는 것은, 공간의 위치를 바꾸는 일이 아니라 관계의 성격을 다시 묻는 일이다.

학교에는 많은 공간이 있다. 그리고 그 공간들에는 각기 다른 감정이 함께 따라다닌다. 교무실은 늘 분주하고, 연구실은 조용한 고민이 쌓이며, 상담실에는 쉽게 꺼내기 어려운 이야기가 오간다. 공간의 이름은 그곳에서 어떤 일이 이루어지는지를 말해 주는 동시에, 어떤 말과 태도가 허용되는지 암묵적으로 알려 준다.

그렇다면 수석교사실은 어떨까?

어떤 교사에게 수석교사실은 도움이 필요할 때 떠오르는 곳이면서도, 동시에 선뜻 먼저 문을 열고 들어가기에는 망설여지는 공간이기도 하다. 그 망설임은 개인의 성향이나 용기 부족 때문이라기보다, '수석교사실이 학교 안에서 어떤 의미로 작동해 왔는가'와 더 깊이 연결되어 있다.

그래서 수석교사실을 이야기할 때, 우리는 종종 이런 질문부터 꺼낸다.

- 어느 층에 있는가
- 얼마나 넓은가
- 누가 주로 사용하는가

이 질문들은 틀리지 않는다. 그러나 충분하지도 않다. 수석교사실의 본질은 위치나 크기보다, 그 공간에서 어떤 관계와 대화가 허용되는가에 있기 때문이다.

수석교사실은 단순히 업무를 처리하는 방이라기보다 교수와 학습이 잠시 멈춰 서서 서로를 다시 바라보는 지점에 가깝다. 이때 '멈춘다'는 것은 수업이 중단된다는 뜻이 아니라, 결과와 판단의 언어로부터 잠시 거리를 두고 과정 자체를 들여다본다는 의미에 가깝다. 이 지점은 하나의 장소로 고정되기보다 수석교사가 학교 안에서 어떤 역할로 존재하길 기대받고 있는지를 다시 묻는 질문과 연결된다.

그런데 이 질문은 곧바로 또 다른 현실과 마주하게 된다. 수석교사실이라는 공간을 따로 마련하는 일이 언제나 자연스럽게 받아들여지지는 않는다는 점이다. 학교마다 공간 여건은 다르고, "굳이 별도의 실이 필요한가", "교무실이나 다른 공간을 활용하면 되지 않는가"라는 질문이 함께 따라붙는 경우도 적지 않다. 이때의 망설임은 수석교사의 역할을 부정해서라기보다, 제한된 공간 속에서 우선순위를 고민하는 학교의 현실에서 비롯된다.

이 지점에서 중요한 것은 '공간이 있느냐, 없느냐'의 문제가 아니다. 수석교사의 역할이 어떤 조건에서 가장 잘 작동할 수 있는가에 대한 질문이다. 같은 공간에 함께 있더라도 그 안에서 수업 이야기가 평가로 오해되지 않고, 고민이 노출로 느껴지지 않으며, 잠시 멈춰 생각해도 괜찮다는 신호가 허용되는가의 문제에 가깝다.

그래서 수석교사실을 둘러싼 논의는 어떤 학교에서는 별도의 공간을 마련하려는 시도로, 또 어떤 학교에서는 기존 공간 안에서라도 이 역할을 분명히 하려는 고민으로 이어지게 된다.

중요한 것은 형태 그 자체라기보다 수석교사의 역할이 학교 안에서 어떻게 이해되고, 어떤 조건 속에서 작동하도록 허용되고 있는가다.

여기에서 하나의 질문이 분명해진다.

"수석교사실은 교사와 학생이 각각의 위치에서 겪는 '막힘'을 결과나 성취의 언어가 아닌 다른 방식으로 다시 이야기할 수 있는 공간이 될 수 있는가? 그리고 그 역할을 학교 안에서 구조적으로 드러낼 수 있는 이름은 무엇인가?"

이 질문에서부터 '교수-학습 지원센터(배움실험실)'에 대한 이야기는 시작된다.

물론 교실에서도 배움은 충분히 탐색과 시도가 이루어지는 과정일 수 있다. 그러나 교실은 늘 진도와 평가, 책임이라는 조건을 함께 안고 있는 공간이기도 하다. 배움의 과정이 잠시 흔들거나 멈추는 순간을 오래 붙잡아 두고 충분히 들여다보기에는 구조적으로 여유가 부족하다.

그래서 학교 안에는 배움을 잠시 결과로부터 분리해, 다시 생각하고 다시 시도해 볼 수 있는 별도의 자리가 필요해진다. 이 자리는 교실을 대신하는 공간이 아니라, 교실에서 일어난 교수와 학습 간의 장면을 다른 속도로 다시 바라볼 수 있게 하는 공간이다. 수석교사실을 다시 생각한다는 것은 바로 이 역할을 가능하게 하는 구조를 마련하는 일에 가깝다.

결국 수석교사실을 다시 바라본다는 것은, 새로운 공간을 하나 더 만드는 일이 아니다.

수석교사가 학교 안에서 무엇을 하도록 기대받는가, 그리고 그 기대를 어떤 언어와 구조로 드러낼 것인가를 다시 묻는 일이다. '교수-학습 지원센터(배움실험실)'는 이 질문에 대한 하나의 응답으로 등장한다.

수석교사는 무엇을 하는 사람인가

수석교사는 답을 많이 가진 사람이 아니라, 교사가 안심하고 질문할 수 있도록 만드는 사람이다.

수석교사는 대개 경력이 많고, 수업을 오래 해 왔으며, 그래서 다른 교사에게 도움을 줄 수 있는 사람으로 인식된다. 이 인식은 틀리지 않는다. 수석교사는 실제로 오랜 수업 경험과 전문성을 바탕으로 교사의 수업을 바라보고, 함께 고민하며, 방향을 제안할 수 있는 교사다. 학교 안에서 수석교사의 전문성은 분명히 의미 있는 자산이다.

그러나 바로 그 지점에서 수석교사는 조금 복잡한 위치에 서게 된다. 도움이 될 것 같다는 기대와 선뜻 다가가기에는 망설여지는 거리감이 동시에 존재하는 자리. 수석교사는 '조언을 해 줄 수 있는 사람'이지만, 동시에 '나의 수업이 드러날 것 같은 사람'으로 인식되기도 한다. 이 감정은 개인적인 호불호의 문제가 아니라, 수석교사라는 역할이 학교 안에서 작동해 온 방식과 깊이 연결되어 있다.

이 거리감은 수석교사 개인의 태도나 말투에서 비롯되기보다, 수석교사 제도가 가진 구조적 특성에서 생겨나는 경우가 많다. 상급 자격을 가진 교사라는 사실, 전문성을 인정받아 선발된 존재라는 위치는 의도하지 않아도 비교와 평가의 이미지를 함께 불러온다. 그래서 학교 현장에서 수석교사는 스스로 그렇게 하려 하지 않아도 종종 이런 위치에 놓이게 된다. 필요하다고 느끼지만, 당장 찾기보다는 '조금 더 버텨보고 나서' 떠올리게 되는 사람.

이 망설임은 교사의 약함 때문도, 수석교사의 강함 때문도 아니다. 학교 안에서 '도움을 요청한다'는 행위가 여전히 평가와 연결되어 읽히는 문화 속에서 누구라도 가질 수 있는 자연스러운 반응에 가깝다. 문제는 개인이 아니라, 도움과 평가가 쉽게 분리되지 않는 구조에 있다.

여기에서 하나의 질문이 생긴다.

"수석교사의 전문성은 분명하게 유지하면서도, 교사가 안심하고 다가올 수 있는 역할은 어떻게 가능할까?"

이 질문 앞에서 수석교사의 역할은 단순히 '조언하는 사람'과 '평가하는 사람' 사이에 머물 수 없다. 수석교사는 답을 먼저 제시하는 사람이기보다 교사의 생각이 어디까지 와 있는지를 함께 정리해 주는 사람에 가깝다. 무엇이 부족한지를 지적하기보다, 무엇을 고민하고 있는지를 함께 들여다보는 역할이다. 이 방식은 수석교사의 전문성을 약화시키는 것이 아니라, 오히려 그 전문성이 학교 안에서 실제로 작동할 수 있도록 만드는 조건이 된다.

전문성은 얼마나 정확한 답을 알고 있는가로만 증명되지 않는다. 어떤 질문을 함께 만들어 갈 수 있는가, 그리고 그 질문이 교사의 수업과 다시 연결될 수 있도록 돕는가에서 드러난다. 그래서 수석교사의 역할은 개인의 말솜씨나 성향에만 맡겨질 수 없다. 교사가 자신의 수업을 잠시 내려놓고 "이 지점이 잘 안 풀립니다."라고 말할 수 있는 조건, 그 조건을 가능하게 하는 구조와 환경이 함께 마련되어야 한다.

이 필요성은 수석교사실을 단순한 업무 공간으로 바라보는 시선을 넘어, 교수와 학습을 평가와 비교의 언어로부터 잠시 분리해 다시 이야기할 수 있는 구조로 바라보게 만든다. 그리고 바로 이 지점에서, 수석교사의 역할은 공간의 이름과 의미로 확장되기 시작한다.

교사 지원과
학생 지원을 나누지 않는 이유

교사 지원과 학생 지원을 나누는 순간, 수업은 가장 중요한 연결을 놓치게 된다.

교사와 학생은 학교 안에서 서로 다른 역할을 맡고 있다. 그러나 교실 안에서 마주하는 장면은 언제나 하나의 흐름으로 이어져 있다. 교사가 수업을 준비하고, 학생이 그 수업을 경험하며, 그 과정에서 생기는 질문과 막힘은 어느 한쪽만의 문제가 아니다. 수업이라는 장면 속에서 교사와 학생은 늘 함께 움직인다.

그럼에도 학교에서는 오랫동안 교사 지원과 학생 지원을 서로 다른 영역으로 나누어 운영해 왔다. 교사는 장학과 연수로, 학생은 보충이나 상담으로 지원하는 방식이 일반적이었다. 이러한 구분은 행정적으로는 명확했을지 모르지만, 수업의 실제를 충분히 설명하지는 못했다. 교사의 고민과 학생의 어려움이 같은 장면에서 비롯되었음에도, 지원은 서로 다른 언어로 분리되어 다루어져 왔기 때문이다.

이 차이는 다음과 같이 정리해 볼 수 있다.

<표 1> 교사 지원과 학생 지원: 분리된 관점과 통합된 관점

구분	분리된 지원 관점	통합적 관점
교사 지원	장학·연수 중심	수업 맥락 이해
학생 지원	보충·상담 중심	학습 과정 탐색
문제 인식	대상별 문제	교수-학습의 만남
수석교사 역할	선택적 개입자	연결자
초점	무엇이 부족한가	어디에서멈추는가

〈표 1〉이 보여 주듯, 통합적 관점에서 교사와 학생은 누가 더 잘했는지를 가리기 위한 비교 대상이 아니다. 두 존재는 같은 수업 장면을 서로 다른 위치에서 경험한 주체로 이해된다. 여기에서 교사와 학생을 함께 바라본다는 것은, 책임을 묻거나 결과를 대조하겠다는 뜻이 아니다.

이 지점에서 분명히 짚고 넘어가야 할 점이 있다. 수석교사가 교사와 학생을 '연결해서 본다'는 것은 교사의 수업을 학생의 성취나 산출물로 판단하겠다는 의미가 아니다. 오히려 교사가 이미 느끼고 있으나 아직 말로 정리되지 않았던 질문을, 학생의 학습 장면과 나란히 놓고 함께 언어화해 보려는 출발점에 가깝다. 연결은 평가를 위한 도구가 아니라,

이해를 넓히기 위한 시선이다.

교사가 수업을 고민하는 이유는 대개 학생의 학습 장면과 맞닿아 있고, 학생이 학습에서 멈추는 지점 역시 수업의 설계와 실행과 연결되어 있다. 교사의 고민과 학생의 어려움은 서로 다른 문제가 아니라, 같은 장면을 다른 시선으로 바라본 결과에 가깝다. 그래서 수업을 다시 들여다보면 질문은 종종 이렇게 나타난다.

- 이 개념은 왜 이 학생에게만 닿지 않았을까?
- 설명은 충분했는데, 왜 이해가 이어지지 않았을까?
- 무엇이 틀렸는지가 아니라, 어디에서 멈추었을까?

이 질문들은 교사만의 질문도, 학생만의 질문도 아니다. 교수와 학습이 만나는 지점에서 생겨나는 질문이다. 이때 학생의 학습 자료나 반응은 수업의 성과를 증명하기 위한 근거가 아니라, 교사와 함께 생각을 확장하기 위한 대화의 매개로 다루어진다. 그것은 판단의 기준이 되지 않으며, 교사의 수업을 평가하기 위한 자료로 사용되지 않는다.

따라서 수석교사의 역할은 교사 지원과 학생 지원 중 하나를 선택하는 방식으로는 충분하지 않다. 수석교사는 교사의 수업을 이해하면서 동시에 학생의 학습 과정을 함께 바라보고, 그 사이에서 어긋난 지점을 다시 연결하는 역할을 맡는다. 이 역할은 누군가를 대신 가르치거나, 누군가의 문제를 대신 해결하는 일이 아니다. 오히려 수업과 학습을 다시 생각할 수 있는 조건을 마련하는 일에 가깝다.

여기에서 중요한 전제가 하나 더 있다. 이러한 성찰과 탐구는 평가의 언어가 작동하는 공간에서는 쉽게 이루어지지 않는다. 그래서 교사에게도, 학생에게도 교수-학습을 다시 바라볼 수 있는 심리적·인지적으로 안전한 공간이 필요하다. 교사가 "이 수업에서 무엇이 잘 안 되었을까?"를 말할 수 있고, 학생이 "여기서부터 잘 모르겠다"고 말할 수 있는 공간. 이 두 말이 서로 다른 방향이 아니라 같은 장면을 가리킬 수 있을 때, 교수와 학습은 다시 연결될 수 있다.

이 지점에서 수석교사실은 더 이상 '누군가를 불러 문제를 해결하는 곳'이 아니라, 함께 생각하기 위해 잠시 머무를 수 있는 곳으로 다시 정의된다. 그리고 이러한 재정의는 자연스럽게 다음 질문으로 이어진다.

"그렇다면, 이 역할과 구조를 학교 안에서 어떤 이름으로, 어떻게 분명하게 드러낼 수 있을까?"

이 질문에 대한 답이 바로 '교수-학습 지원센터(배움실험실)'라는 명칭으로 이어진다.

'교수-학습 지원센터'라는 공식 명칭의 의미

공간의 이름은 그곳에서 어떤 역할이 작동하는지를 가장 먼저 말해 주는 언어다.

수석교사의 역할을 담아낼 공간에 이름을 붙이는 일은 단순한 명칭 선택이 아니다. 그 이름은 학교가 수석교사의 역할을 어떻게 이해하고 있는지를 드러내는 언어이며, 동시에 학교 구성원 모두에게 보내는 하나의 메시지다. 그래서 이 공간의 이름은 따뜻함이나 친근함만으로 결정될 수 없었고, 그 역할과 구조가 분명하게 드러나는 언어여야 했다.

'교수-학습 지원센터'라는 명칭은 무엇보다도 이 공간이 개인의 선의나 열정에 의해 운영되는 곳이 아니라, 학교 차원에서 책임지고 작동시키는 공식적인 지원 구조임을 분명히 한다. 이 이름 속에는 수석교사의 역할을 개인의 역량에만 맡기지 않겠다는 학교의 의지가 담겨 있다. 수석교사의 전문성이 특정한 요청이 있을 때만 호출되는 것이 아니라, 학교 안에서 상시적으로 작동하는 구조가 되기를 바라는 의지다.

'센터'라는 표현은 이 공간이 단순한 물리적 장소를 넘어 학교 안 여러 지점을 연결하는 허브로 기능함을 뜻한다. 교실에서의 수업, 교사의 고민, 학생의 학습 장면이 이곳에서 다시 만나고, 다시 정리될 수 있음을 의미한다. '교수-학습 지원센터'는 특정한 업무를 처리하는 곳이 아니라, 학교 안에 흩어져 있던 교수와 학습의 흐름을 한데 모아 다시 바라볼 수 있게 하는 구조다.

또한 '교수-학습'이라는 병렬된 언어는 교사의 가르침과 학생의 배움을 서로 분리된 대상으로 보지 않겠다는 선언이기도 하다. 교수와 학습은 늘 함께 움직이며, 한쪽만을 따로 떼어 지원해서는 수업의 실제를 충분히 이해할 수 없기 때문이다. 이 명칭은 교사 지원과 학생 지원을 나누어 생각해 온 기존의 관점을 넘어, 수업이라는 하나의 장면을 온전히 바라보겠다는 학교의 태도를 담고 있다.

이 이름은 관리자에게는 수석교사가 학교 장학의 한 축으로써 어떤 역할을 수행하는지를 분명하게 보여 준다. 동시에 동료 교사에게는 이 공간이 평가나 점검의 장소가 아니라, 교수와 학습을 함께 살피는 지원의 자리임을 알려 준다. '교수-학습 지원센터'라는 명칭은 수석교사의 역할을 개인의 판단이나 관계에 맡기지 않고, 학교가 합의한 구조와 책임의 언어로 명확히 위치시키는 역할을 한다.

무엇보다 중요한 점은 이 이름이 수석교사 개인의 선택이 아니라, 학교가 합의한 역할과 책임의 언어라는 점이다. 그래서 '교수-학습 지원센터'는 누군가의 의지나 열정에 따라 열렸다 닫히는 공간이 아니라, 학교 문화로 지속적으로 작동할 수 있는 기반이 된다.

다만, 이 공식적인 이름만으로는 이 공간의 온도와 결을 모두 담아내기 어렵다. '교수-학습 지원센터'라는 언어가 역할과 구조를 분명히 한다면, 그 안에서 교사와 학생이 어떤 태도로 머물 수 있는지는 또 다른 언어로 설명될 필요가 있다. 이 지점에서 분명히 짚고 넘어갈 점이 있다.

'교수-학습 지원센터'와 '배움실험실'은 서로 다른 공간이 아니다. 두 이름은 하나의 공간을 가리키며, 서로 다른 역할을 맡은 언어다. 하나는 학교의 공식 언어이고, 다른 하나는 교사와 학생의 생활 언어다. 구조와 책임을 설명하는 이름 위에, 경험과 태도를 설명하는 이름이 덧붙여진 것이다.

이 공간이 '교수-학습 지원센터'로 불릴 때, 수석교사의 역할은 제도 안에서 분명해진다. 그리고 같은 공간이 '배움실험실'로 불릴 때, 교사와 학생은 그 안에서 조금 더 안심하고 생각을 펼칠 수 있다. 공식 명칭과 생활 언어가 함께 사용될 때, 이 공간은 비로소 역할과 온도를 동시에 갖추게 된다.

다음 절에서는 이 구조 위에 덧붙여진 이 생활 언어, '배움실험실'이라는 이름이 왜 필요했는지, 그리고 그 이름이 교사와 학생의 경험을 어떻게 바꾸는지를 보다 구체적으로 살펴보고자 한다.

'배움실험실'이라는 생활 언어의 의미

> 배움실에서의 '실험'은 성과를 증명하는 과정이 아니라, 과정을 안전하게 다시 살펴보는 태도다.

'교수-학습 지원센터'라는 공식 명칭은 이 공간의 역할과 구조를 분명하게 드러낸다. 그러나 이름이 구조를 설명한다고 해서, 그 안에서의 분위기와 경험까지 온전히 전달되는 것은 아니다. 학교 안에서 공간의 이름은 기능을 설명하는 동시에, 그곳에서 어떤 태도와 말이 허용되는지를 조용히 안내하는 언어이기도 하다.

그래서 이 공간에는 공식 명칭과 함께 사용할 또 하나의 이름이 필요했다. 교사와 학생 모두가 부담 없이 부를 수 있고, 굳이 설명하지 않아도 그 성격이 전해지는 이름 말이다. '배움실험실'이라는 이름은 바로 이 지점에서 등장한다.

여기에서 말하는 '실험'은 새로운 수업 방법을 시험하거나, 누군가의 수업을 검증하기 위한 실험이 아니다. 성공과 실패를 가르기 위한 장치도, 결과를 비교하기 위한 과정도 아니다. 배움실험실에서의 실험은 배움의 과정을 잠시 결과로부터 분리해 보는 시도에 가깝다. 잘되었는지를 묻기보다, 어디까지 왔는지를 함께 살피는 일이다.

실험은 완성을 전제로 하지 않는다. 시도하고, 확인하고, 다시 생각해 보는 과정을 포함한다. 이 이름은 배움이 늘 한번에 정리되지 않는다는 사실을 자연스럽게 전제한다. 막히는 지점이 있을 수 있고, 그 자리에서 멈춰 서도 괜찮으며, 다시 돌아가도 된다는 메시지를 담고 있다.

학생에게 배움실험실은 '공부를 더 잘하기 위해 가는 곳'이라기보다 '이해가 멈춘 지점을 안전하게 드러낼 수 있는 곳'에 가깝다. 무엇을 모르는지 말해도 되고, 어디까지 알고 있는지를 다시 확인해도 되는 공간이다. 배움이 평가와 즉시 연결되지 않는 경험 속에서, 학생은 자신의 생각을 조금 더 솔직하게 드러낼 수 있다. 이 경험은 학습에 대한 심리적·인지적 안전감을 만들어 낸다.

교사에게 배움실험실은 학생을 다시 바라볼 수 있는 여유의 공간이다. 결과를 기준으로 학생을 해석하기보다, 학생이 어떤 생각의 경로를 지나고 있는지를 차분히 살펴볼 수 있는 자리다.

이 공간에서 교사의 질문은 자연스럽게 바뀐다.

'왜 안 되었을까?'에서 '어디에서 멈추었을까?', 이 질문의 전환은 교사의 수업을 다시 설계할 수 있는 중요한 단서가 된다.

그래서 배움실험실은 학생만을 위한 공간도, 교사만을 위한 공간도 아니다. 교수와 학습이 서로를 비추며 다시 만나는 자리다. 공식적인 구조와 책임을 담은 교수-학습 지원센터라는 이름 위에, 배움의 태도와 온도를 설명하는 생활 언어를 함께 얹은 이유가 여기에 있다.

이 두 이름이 함께 사용될 때, 이 공간은 제도와 사람 사이의 간극을 메우는 수석교사의 역할을 가장 잘 드러내게 된다. 구조는 단단하게, 경험은 부드럽게. '교수-학습 지원센터(배움실험실)'는 그 균형 위에서 작동하는 공간이다.

'교수-학습 지원센터(배움실험실)'는
새로운 제도를 도입한 결과가 아니다.
수석교사의 역할을
학교 안에서 가장 자연스럽게 드러내기 위해
공간의 언어로 풀어낸 하나의 선택이다.

이 공간이 자리 잡을 때,
수석교사는 더 이상
'필요할 때만 찾는 사람'이 아니라,
학교의 교수-학습을 조용히 지탱하는 존재가
된다.

그리고 학교는
가르침과 배움이
잠시 멈춰도 괜찮다고 말할 수 있는
조금 더 단단한 공동체로 나아가게 된다.

왜
‘교수-학습 지원센터(배움실험실)’인가

-수석교사의 역할이
하나의 이름으로 수렴되기까지-

이 장은
‘교수-학습 지원센터(배움실험실)’라는 이름이
어떤 필요와 선택의 결과로 등장했는지를
차분히 따라간다.

수석교사의 역할은 어떻게 이해되어 왔는가

수석교사의 역할은 오랫동안 다양한 방식으로 설명되어 왔다. 그러나 그 설명이 학교 안에서 언제나 같은 모습으로 이해되어 온 것은 아니었다.

수업을 함께 고민하는 교사, 동료 교사의 성장을 돕는 전문가, 학교 안에서 수업과 장학을 연결하는 존재.

수석교사의 역할은 제도 도입 이후 여러 문서와 연수, 안내 자료를 통해 반복적으로 설명되어 왔다. 이 설명들은 수석교사가 무엇을 하는 사람인지, 어떤 전문성을 지닌 교사인지를 비교적 분명하게 전해 왔다는 점에서 의미가 있다. 이처럼 설명이 이어져 왔다는 사실은, 수석교사의 역할이 모호해서라기보다 오히려 그만큼 중요했기 때문이라고 볼 수 있다.

학교 안에서 수업과 교사의 성장을 함께 다루는 역할은 몇 가지 직

무로 단순하게 정리되기 어렵다. 그래서 수석교사의 역할은 늘 말로 풀어 설명되고, 맥락과 사례를 통해 덧붙여져 왔다.

그러나 설명이 충분히 축적되어 왔음에도, 그 역할이 학교의 일상 속에서 언제나 자연스럽게 작동해 왔다고 말하기는 어렵다. 어떤 학교에서는 수석교사가 교사의 고민을 일상적으로 함께 나누는 존재로 자리 잡았고, 또 어떤 학교에서는 특정한 요청이 있을 때에만 떠올려지는 역할로 인식되기도 했다. 이 차이는 역할에 대한 이해 부족이나 개인의 역량 차이만으로는 설명되기 어렵다.

여기에서 시선을 조금 바꿀 필요가 있다. 수석교사의 역할이 얼마나 잘 설명되었는가보다, 그 역할이 학교 안에서 어떤 조건 속에서 작동하도록 허용되어 왔는가를 묻는 쪽이 더 중요해진다. 역할이 아무리 분명하게 정의되어 있어도, 그것이 머무를 자리가 마련되지 않으면 일상의 선택으로 이어지기 어렵기 때문이다.

실제로 많은 학교에서 수석교사의 역할은 개인의 성향, 관리자와의 관계, 학교 문화 등에 따라 다르게 드러나 왔다. 이는 특정한 방식이 옳거나 그르다는 문제라기보다, 수석교사의 역할이 안정적으로 작동할 수 있는 구조가 학교마다 동일하지 않았다는 사실을 보여 준다. 역할은 분명했지만, 그 역할이 자연스럽게 드러나는 장면은 늘 보장되지는 않았다.

이 지점에서 하나의 질문이 분명해진다.

"수석교사의 역할을 더 잘 설명하는 것이 아니라, 이미 설명되어 온 그 역할이 학교 안에서 예측 가능하고 안정적으로 작동하도록 하기 위해 학교는 무엇을 선택할 수 있는가? 개인의 노력이나 관계에 기대지 않고, 수석교사의 전문성이 일상의 장면에서 자연스럽게 드러나게 하려면 어떤 조건이 필요할까?"

이 질문은 곧 역할을 전달하는 방식에서, 역할이 작동하는 구조로 시선을 옮기게 만든다. 그리고 이 전환의 끝에서 등장하는 것이 '교수-학습 지원센터(배움실험실)'라는 개념이다. 이는 수석교사에게 새로운 역할을 덧붙이기 위한 제안이 아니라, 이미 기대되어 온 역할이 학교 안에서 가장 무리 없이 드러나도록 돕기 위한 하나의 구조적 선택에 가깝다.

수석교사의 역할은 어떤 조건 속에서 작동해 왔는가

수석교사의 역할은 이해의 문제가 아니라, 선택과 허용의 문제로 드러나는 경우가 많았다.

수석교사의 역할이 학교마다 다르게 드러난 이유를 단순히 '이해의 차이'로 설명하기는 어렵다. 많은 경우 수석교사의 역할은 이미 알고 있었고, 필요하다는 인식 또한 공유되고 있었다. 그럼에도 그 역할이 일상의 장면으로 자연스럽게 이어지지 못한 데에는, 역할을 둘러싼 조건과 구조가 함께 작용하고 있었다.

학교의 일상은 늘 빠르게 움직인다. 수업, 생활 지도, 행정, 회의가 겹쳐지는 상황에서 교사들은 당장의 선택을 요구받는다. 이때 수석교사의 역할은 '중요하지만 급하지 않은 일'로 인식되기 쉽다. 역할에 대한 공감이 있어도, 그것을 실제로 선택할 여유가 항상 주어지지는 않는다.

또 하나의 조건은 역할이 작동하는 방식에 대한 암묵적 기대다. 수석교사의 역할은 공식 문서에서는 분명히 설명되어 있지만, 일상에서는 종종 개인의 성향이나 관계에 기대어 작동해 왔다. 관리자와의 신뢰, 동료 교사와의 친밀도, 학교 문화에 따라 수석교사의 역할이 열리기도 하고, 조심스럽게 접히기도 했다.

이러한 상황에서 수석교사의 역할은 안정적인 구조라기보다, 상황에 따라 호출되는 기능처럼 작동하기도 했다. 필요할 때는 떠올려지지만, 그렇지 않을 때는 잠시 뒤로 밀리는 역할. 이는 수석교사의 전문성 부족이나 의지의 문제라기보다, 그 역할이 일상 속에서 항상 선택될 수 있도록 허용된 조건이 충분하지 않았음을 보여 준다.

특히 수석교사의 역할은 '눈에 보이는 업무 성과'로 즉각 환산되기 어렵다. 교사의 고민을 함께 듣고, 수업을 다시 바라보게 돕는 일은 시간이 필요하고, 결과가 서서히 드러난다. 이러한 특성은 학교의 빠른 운영 리듬 속에서 역할의 우선순위를 낮추는 요인이 되기도 했다.

결국 수석교사의 역할이 다르게 드러났던 이유는, 역할에 대한 설명이 부족해서라기보다 그 역할이 머물 수 있는 자리가 일상 속에 안정적으로 마련되지 않았기 때문이다. 역할은 있었지만, 그 역할이 자연스럽게 작동할 조건은 늘 준비되어 있지는 않았다.

이 지점에서 질문은 다시 바뀐다.

"수석교사의 역할을 더 잘 설명하는 것이 아니라, 이미 설명되어 온 그 역할이 학교 안에서 예측 가능하고 지속적으로 작동하도록 하기 위해서는 어떤 조건과 구조가 필요할까? 개인의 관계나 상황에 기대지 않고, 수석교사의 전문성이 일상의 장면에서 자연스럽게 드러나게 하려면 학교는 무엇을 선택할 수 있을까?"

이 질문은 곧 역할을 개인의 노력에서 구조의 문제로 옮겨 놓는다. 그리고 이 전환 위에서, 수석교사의 역할을 담아낼 하나의 공간적·조직적 선택으로써 '교수-학습 지원센터(배움실험실)'이라는 개념이 다시 떠오르게 된다.

역할을 구조로 옮긴 선택

수석교사의 역할은 이해와 조건의 문제를 지나, 학교의 선택이라는 질문 앞에 서게 된다.

수석교사의 역할이 학교마다 다르게 드러나 왔다는 사실은, 그 역할을 둘러싼 이해나 조건뿐 아니라 학교가 실제로 어떤 선택을 해 왔는지를 함께 살펴볼 필요가 있음을 보여 준다. 같은 제도와 비슷한 여건 속에서도, 학교는 수석교사의 역할을 다루는 방식에서 서로 다른 길을 선택해 왔다.

어떤 학교에서는 수석교사의 역할을 개인의 전문성과 열정에 주로 맡겨 두었다. 이 경우, 수석교사의 역할은 요청이 있을 때 분명하게 드러나지만, 일상의 흐름 속에서 쉽게 뒤로 밀리기도 한다. 역할은 존재하지만, 언제 어떻게 작동할지는 예측하기 어렵다.

반대로 일부 학교에서는 수석교사의 역할을 개인의 성향이나 관계에만 기대지 않으려는 선택을 해 왔다. 수업과 연결된 대화가 이루어질 수 있는 시간, 교사의 고민이 자연스럽게 머물 수 있는 자리 그리고 평가와 분리된 성찰의 흐름을 비교적 안정적으로 마련하려는 시도들이 여기에 속한다. 이러한 선택은 역할을 특별한 상황이 아닌, 가능한 일상으로 옮기는 데 기여해 왔다.

이 두 선택의 차이는 옳고 그름의 문제가 아니다. 학교마다 처한 맥락과 여건이 다르며, 그 안에서 가능한 선택 역시 다를 수밖에 없다. 다만 분명한 점은, 수석교사의 역할이 비교적 안정적으로 드러났던 학교일수록 그 역할을 개인의 역량에만 맡기지 않고 구조의 문제로 다루려 했다는 사실이다.

역할을 구조로 옮긴다는 것은 새로운 일을 더 얹는다는 뜻이 아니다. 이미 기대되어 온 역할이 학교 안에서 무리 없이 작동하도록, 그것이 머물 수 있는 흐름과 형태를 함께 마련하는 일에 가깝다. 이 선택은 수석교사의 전문성을 보호하는 동시에, 학교가 그 전문성을 지속적으로 활용할 수 있게 만드는 조건이 된다.

이 지점에서 자연스럽게 다음 질문이 이어진다.

"수석교사의 역할을 구조로 드러내기 위해, 학교는 어떤 형태를 선택할 수 있을까?"

이 질문은 곧 역할을 설명하는 언어를 넘어, 그 역할이 실제로 작동하는 형태와 자리에 대한 고민으로 이어진다.

이 고민의 연장선에서 등장하는 것이 바로 '교수-학습 지원센터(배움실험실)'라는 선택이다. 이는 수석교사에게 새로운 역할을 부여하려는 시도가 아니라, 이미 기대되어 온 역할이 학교 안에서 가장 자연스럽게 머물 수 있는 구조를 찾으려는 하나의 구체적인 응답이다. 이 선택의 의미와 작동 방식은 다음 장에서 보다 자세히 살펴보고자 한다.

'교수-학습 지원센터(배움실험실)'는
갑작스러운 발상이 아니다.

역할이 충분히 설명되었음에도
일상에서 자주 작동하지 못했던 이유를
차분히 되짚어 본 끝에 도달한 선택이다.

이 공간은
수석교사의 역할을 새롭게 규정하려는 시도가
아니라,
이미 기대되어 온 역할이
학교 안에서 예측 가능하게 드러나도록
조건을 마련한 하나의 구조다.

그래서 그 이름은
무엇을 더 하겠다는 선언이 아니라,
어떻게 존재하겠다는 결정에 가깝다.

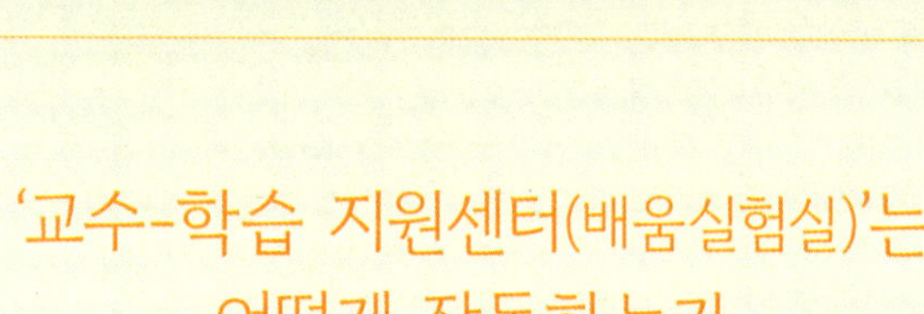

'교수-학습 지원센터(배움실험실)'는 어떻게 작동하는가

-관계가 바뀌면, 학교가 바뀐다-

이 장은 '교수-학습 지원센터(배움실험실)'가
학교의 일을 하나 더 늘리는 공간이 아니라,
학교가 사람을 대하는 방식을 바꾸는
기준이 될 수 있음을 보여 준다.

프로그램이 아니라 '원칙'으로 움직이는 공간

'교수-학습 지원센터(배움실험실)'는 무엇을 운영하는 공간이 아니라, 어떤 기준으로 판단하고 반응하는 공간이다.

'교수-학습 지원센터(배움실험실)'를 설명할 때 가장 먼저 오해되는 지점은, 이 공간이 새로운 프로그램이나 별도의 사업처럼 인식된다는 점이다. 정해진 대상, 고정된 일정, 반복되는 활동 목록이 있어야 비로소 '운영된다'고 여겨지는 학교 문화 속에서, 눈에 띄는 프로그램이 없는 공간은 쉽게 실체가 없는 것으로 오해되기도 한다.

그러나 이 공간의 핵심은 무엇을 제공하느냐가 아니라, 어떤 원칙으로 작동하느냐에 있다. '교수-학습 지원센터(배움실험실)'는 새로운 활동을 추가하기 위해 만들어진 공간이 아니라, 이미 학교 안에서 반복되고 있던 교수와 학습의 장면을 다르게 다루기 위해 선택된 구조에 가깝다.

이 공간에는 다음과 같이 반드시 지켜지는 몇 가지 전제가 있다.

첫째, 이곳에서 이루어지는 대화와 탐색은 평가의 언어와 분리되어 있다. 교사와 학생이 자신의 생각과 막힘을 드러내는 순간, 그것이 성과나 판단으로 되돌아오지 않는다는 신뢰가 전제된다. 이 전제가 흔들리면, 이 공간의 기능은 자연스럽게 약화된다.

둘째, 문제를 곧바로 해결하려 들지 않는다는 점이다. '교수-학습 지원센터(배움실험실)'에서는 '무엇이 잘못되었는가'보다 '어디에서 멈추었는가'를 먼저 묻는다. 해결은 목표가 아니라 결과며, 이해와 탐색이 그 이전에 놓인다.

이 순서가 지켜질 때에만, 교사와 학생은 자신의 생각을 충분히 펼칠 수 있다. 이 공간은 교사와 학생을 각각 따로 만나는 곳이 아니다. 교사를 만날 때는 학생의 학습 장면이 함께 떠올려지고, 학생을 만날 때는 교사의 수업 맥락이 함께 고려된다. 교수와 학습은 언제나 하나의 이야기로 다루어진다. 이 원칙이 흔들리면, 이 공간은 다시 보충이나 처방의 자리로 되돌아가게 된다.

셋째, 이 공간에서의 경험은 반드시 다시 교실로 돌아가도록 설계된다. '교수-학습 지원센터(배움실험실)'는 교실을 대신하는 곳이 아니라, 교실을 다시 가능하게 하는 공간이다. 여기에서 이루어진 질문과 탐색은 수업 설계, 발문, 관계의 방식으로 자연스럽게 이어진다.

이처럼 '교수-학습 지원센터(배움실험실)'는 눈에 띄는 프로그램 없이도 작동한다. 오히려 분명한 원칙이 유지될 때, 이 공간은 조용하지만 지속적으로 학교의 교수-학습을 지탱하는 역할을 수행한다. 그래서 이 공간의 성패는 운영 실적이 아니라, 그 원칙이 일상 속에서 얼마나 흔들리지 않고 지켜지는가에 달려 있다. 그리고 이 원칙을 지키는 일이야말로, 이 공간에서 수석교사의 역할이 가장 조용하게 드러나는 방식이다.

교사를 만나는 방식이 달라질 때

'교수-학습 지원센터(배움실험실)'는 교사를 '도와야 할 대상'이 아니라, 이미 충분히 고민하고 있는 전문적 주체로 만나는 방식을 전제로 한다.

교사를 지원한다는 말은 익숙하지만, 그 말이 실제로 어떤 만남의 태도를 뜻하는지는 쉽게 분명해지지 않는다. 학교 안에서 '지원'은 종종 조언이나 처방, 안내의 형태로 나타나 왔다. 필요한 정보를 제공하고, 더 나은 방법을 제시하며, 문제를 빠르게 해결해 주는 방식이다. 이 방식은 효율적일 수 있으나, 교사가 자신의 고민을 충분히 말하기 전에 대화가 끝나 버리는 경우도 적지 않았다.

'교수-학습 지원센터(배움실험실)'에서 교사를 만나는 방식은 여기서 한 걸음 물러선다. 이 공간에서 수석교사는 교사에게 무엇을 해야 하는지를 먼저 말하지 않는다. 대신 교사가 어떤 맥락에서, 어떤 질문을 품고 이 자리에 들어왔는지를 함께 살핀다. 수업의 결과보다 수업에 이

르기까지의 판단과 선택을 차분히 되짚는 과정이 먼저 놓인다.

이때 중요한 전제는 교사의 고민을 '미흡함'으로 해석하지 않는 것이다. 교사가 멈추어 서 있다는 사실은 실패나 부족의 증거가 아니라, 이미 충분히 생각해 왔다는 신호일 수 있다. '교수-학습 지원센터(배움실험실)'는 이 멈춤을 서둘러 넘어가게 하지 않는다. 오히려 그 지점에 잠시 머물 수 있도록 허용한다.

이러한 만남의 방식은 수석교사의 전문성을 약화시키지 않는다. 오히려 그 전문성이 가장 정확하게 쓰이는 지점이다. 수석교사의 전문성은 답을 많이 알고 있다는 사실보다, 교사의 생각이 어디까지 와 있는지를 함께 가늠할 수 있는 힘에 가깝다. '교수-학습 지원센터(배움실험실)'는 이 힘이 조용히 작동할 수 있도록 돕는 구조다.

이 공간에서 교사는 '조언을 받는 사람'이 아니라, 자신의 수업을 다시 바라볼 수 있는 조건을 제공받는 사람으로 존재한다. 그리고 이 조건이 반복될 때, 교사는 수석교사를 필요할 때만 찾는 사람이 아니라, 함께 사고의 속도를 조율할 수 있는 동료로 인식하게 된다. 이것이 '교수-학습 지원센터(배움실험실)'가 교사를 만나는 방식이 바뀌었을 때 나타나는 가장 중요한 변화다.

학생을 만나는 방식이 달라질 때

학생을 어떻게 만나는가는, 그 학교가 배움을 어떤 언어로 이해하고 있는지를 가장 분명하게 드러낸다.

학교에서 학생을 지원한다는 말은 오래전부터 익숙했다. 그러나 그 지원이 실제로 작동하는 방식은 대체로 비슷했다. 학생 지원은 보충, 개별 지도, 상담과 같이 '부족한 것을 메우는 활동'으로 구조화되어 왔다. 이때 학생은 스스로 생각을 펼치는 주체라기보다, 도움을 받아야 할 대상으로 위치가 지워지는 경우가 많았다.

이러한 구조 속에서 학생을 만나는 장면은 자연스럽게 결과 중심의 언어로 채워졌다. 무엇을 틀렸는지, 어느 부분이 부족한지, 어떤 처방이 필요한지가 먼저 논의되었다. 이 방식은 단기간의 성취를 만들어 내는 데에는 효과적일 수 있었지만, 학생이 자신의 배움을 스스로 설명하고 되돌아볼 기회를 충분히 제공하지는 못했다.

'교수-학습 지원센터(배움실험실)'에서 학생을 만나는 방식은 이 지점에서부터 다르다. 이 공간에서 학생은 '도움을 받는 대상'이 아니라, 자신의 배움이 어디에서 멈추었는지를 말할 수 있는 주체로 초대된다. 학생에게 던져지는 질문은 "왜 못 했니?"가 아니라 "어디까지는 이해했고, 어디에서 생각이 멈췄니?"에 가깝다.

이 질문의 전환은 학생에게 중요한 경험을 제공한다. 자신의 배움이 평가로 곧장 환원되지 않는다는 신뢰, 생각의 과정을 말해도 괜찮다는 안전감이 형성되기 때문이다. 이때 학생은 정답을 말하려 애쓰기보다, 자신이 지나온 사고의 경로를 차분히 되짚기 시작한다.

중요한 점은, 이 과정이 학생만을 위한 장면으로 분리되지 않는다는 것이다. 학생의 말은 곧 교사의 수업 장면과 연결되고, 학생이 멈춘 지점은 교사의 설명과 발문, 과제 설계로 이어진다. 학생을 만나는 일은 곧 수업을 다시 바라보는 일이 되며, 학생 지원은 교사 지원과 자연스럽게 하나의 흐름으로 묶인다.

그래서 이 공간에서 학생을 만난다는 것은, 학생의 문제를 대신 해결해 주는 일이 아니다. 학생이 자신의 배움을 언어로 정리할 수 있도록 돕고, 그 언어가 다시 교실의 수업으로 돌아가도록 연결하는 일에 가깝다. 이 연결이 반복될수록, 학생은 도움을 받는 존재가 아니라 자신의 배움을 함께 설계하는 주체로 자리 잡게 된다.

이러한 만남이 가능해질 때, 학생은 더 이상 '보충의 대상'으로 호출되지 않는다. 대신, 학생은 틀렸기 때문에 불려 오는 존재가 아니라 배움이 잠시 멈춘 지점을 안전하게 꺼낼 수 있는 사람으로 존재하게 된다. 그리고 이 변화는, '교수-학습 지원센터(배움실험실)'가 학생을 만나는 방식이 달라졌을 때 나타나는 가장 분명한 신호다.

이제 다음 질문은 자연스럽게 이어진다.

"이처럼 교사와 학생을 각각이 아니라, 하나의 교수-학습 장면으로 함께 만나는 구조는 학교 안에서 어떻게 일상으로 자리 잡을 수 있을까?"

이 질문은 곧, 다음 장에서 다루게 될 실천의 이야기로 이어진다.

학교는 이 공간을 어떻게 품어야 하는가

'교수-학습 지원센터(배움실험실)'는 개인의 실천이 아니라, 학교의 선택 속에서 비로소 지속될 수 있다.

학교 안에 하나의 공간을 만드는 것은, 단순히 물리적 자리를 마련하는 일이 아니다. 그 공간을 어떤 이름으로 부르고, 어떤 원칙으로 운영하며, 어떤 태도로 대하는가는 학교가 무엇을 중요하게 여기는지를 드러내는 선택이 된다. '교수-학습 지원센터(배움실험실)' 역시 마찬가지다. 이 공간은 수석교사 개인의 노력으로 유지되는 장소가 아니라, 학교가 함께 품을 때 비로소 제 역할을 수행할 수 있는 구조다.

많은 학교에서 수석교사의 역할은 '존중한다'는 말로 충분히 설명되어 왔다. 그러나 존중은 선언만으로 작동하지 않는다. 수석교사가 교실 밖에서 교사의 고민을 만날 수 있으려면, 그 만남이 평가나 점검으로 읽히지 않도록 보호하는 조건이 필요하다. 학교가 이 공간의 성격을 분명히 인식하고 공유할 때에만, 교사와 학생은 안심하고 이곳을 드나들 수 있다.

관리자의 역할은 이 지점에서 결정적으로 중요해진다. '교수-학습 지원센터(배움실험실)'를 '또 하나의 사업'이나 '추가 업무'로 바라보는 순간, 이 공간은 빠르게 소진된다. 반대로, 이 공간을 학교의 교수-학습을 조율하는 하나의 기반 구조로 이해할 때, 수석교사의 활동은 개별 실천을 넘어 학교의 흐름으로 자리 잡게 된다. 이는 관리자가 직접 개입하거나 통제해야 한다는 뜻이 아니라, 이 공간이 안전하게 작동할 수 있도록 경계를 지켜 주는 역할에 가깝다.

동료 교사들에게도 이 공간은 특별한 태도를 요구한다. '교수-학습 지원센터(배움실험실)'는 '도움을 받으러 가는 곳'이 아니라, 자신의 수업을 잠시 다른 속도로 바라볼 수 있는 자리다. 이 인식이 공유될 때, 수석교사를 찾는 일은 개인의 약함을 드러내는 행동이 아니라 전문성을 유지하기 위한 자연스러운 선택이 된다. 학교 문화가 이 만남을 존중할수록, 이 공간은 조용하지만 꾸준히 활용된다.

무엇보다 중요한 점은, 이 공간이 항상 '가득 차 있을 필요는 없다'는 사실이다. '교수-학습 지원센터(배움실험실)'는 늘 무언가가 진행되고 있어야만 의미를 갖는 장소가 아니다. 필요할 때 열리고, 필요하지 않을 때는 조용히 비어 있을 수 있는 공간. 그러나 언제든 신뢰를 가지고 다시 돌아올 수 있는 공간일 때, 이곳은 학교 안에서 가장 안정적인 역할을 수행한다.

결국 학교가 이 공간을 어떻게 품느냐는 질문은, 수석교사를 어떻게 대하느냐의 문제를 넘어 학교가 교수와 학습을 어떤 방식으로 다루고자 하는가에 대한 선택과 맞닿아 있다. '교수-학습 지원센터(배움실험실)'는 그 선택이 공간의 언어로 드러난 하나의 결과다.

이 공간에서는
누군가를 더 빨리 움직이려 하지 않는다.

대신,
멈춰도 괜찮은 이유를 함께 찾는다.

교사는
설명해야 할 사람이 아니라
생각을 이어 갈 수 있는 사람으로 남고,

학생은
고쳐야 할 존재가 아니라
배움이 멈춘 지점을 말할 수 있는 사람이 된다.

학교가 이 만남을
조용히 허락할 때,

교수와 학습은
다시 같은 속도로 걷기 시작한다.

학교는 이 선택을 어떻게 지속할 수 있는가

-제도를 넘어서 문화로 이어지는 선택-

이 장은 '교수-학습 지원센터(배움실험실)'를
'만드는 방법'이 아니라,
그 선택을 학교의 일상 속에서
어떻게 흔들리지 않게 이어 갈 것인지를 묻는다.

공간은 만들 수 있지만, 조건은 선택해야 한다

'교수-학습 지원센터(배움실험실)'는 공간의 문제가 아니라, 그 공간에 허용된 조건으로 결정된다.

학교에서는 공간을 만들 수 있다. 이름을 붙이고, 위치를 정하고, 시간표를 배정하는 일까지는 비교적 빠르게 진행될 수 있다. 그러나 그 공간이 실제로 어떤 역할을 하게 될지는 다른 차원의 문제다. 같은 방이라도 그 안에서 어떤 말이 허용되는지에 따라 전혀 다른 장소가 된다.

그래서 '교수-학습 지원센터(배움실험실)'를 이야기할 때, '어디에 둘 것인가'보다 먼저 확인해야 하는 것이 있다. 그곳에서 이루어지는 대화가 무엇으로부터 안전한가, 무엇이 유예되는가, 무엇을 굳이 증명하지 않아도 되는가 하는 문제다. 이 조건이 분명하지 않으면, 공간은 만들어져도 기능은 오래 유지하기 어렵다.

현장에서 공간 논의가 먼저 나오는 이유는 분명하다. 학교는 늘 공간이 부족하고, 한 칸을 새로 확보하는 일은 작은 조정으로 해결되지 않는다. 때로는 기존 공간의 이해관계가 맞물리고, 합의가 필요하며, 설득이 필요하다. 이 현실을 부정할 수는 없다. 다만, 공간 확보의 어려움이 곧 "없어도 된다"는 결론으로 이어질 때, 놓치는 지점이 생긴다.

'교수-학습 지원센터(배움실험실)'는 '별도의 공간'도 필요하지만, '별도의 조건'이 전제되어야 한다. 이곳에서만큼은 평가의 언어가 뒤따르지 않는다는 신뢰가 전제되어야 하고, 문제를 곧바로 해결하지 않아도 괜찮다는 여유가 허용되어야 하며, 교사와 학생의 말이 성과의 근거로 전환되지 않는다는 안전망이 필요하다. 이 조건이 없다면 공간이 교무실이든 전담실이든 새로 만든 실이든 간에, 결국 그곳은 다시 업무와 판단의 흐름 속으로 흡수되기 쉽다.

반대로 조건이 분명히 선택되면 공간의 형태는 다양한 방식으로 조정될 수 있다. 별도의 실이 있든 없든, 학교가 "이 조건은 지키겠다"는 합의를 분명히 하고, 그 합의를 반복해서 확인해 준다면 '교수-학습 지원센터(배움실험실)'는 작동할 수 있다. 핵심은 공간의 물리적 독립이 아니라, 그 공간이 어떤 관계와 대화를 허용하도록 선택되었는가이다.

이 선택은 문서 한 장으로 완성되기보다 학교의 반복되는 장면 속에서 확인된다. 교사가 수업에서 막힌 지점을 꺼내 놓았을 때, 그것이 점검의 언어로 번역되지 않는 경험. 학생이 "여기서부터 모르겠다"고 말했을 때, 그것이 곧바로 보충의 대상으로만 호출되지 않는 경험. 이런 경험이 누적될 때, 교사와 학생은 그 공간을 '다시 돌아올 수 있는 자리'로 기억하게 된다.

결국 학교가 이 공간을 만든다는 말은, 물리적 공간을 하나 더 확보한다는 뜻이 아니다. 학교가 무엇을 허용하고, 무엇을 유예하며, 무엇을 판단의 언어로 바꾸지 않겠다고 선택하는 일이다. 공간은 만들 수 있다. 그러나 조건은 선택해야 한다. 그리고 그 선택이 흔들리지 않을 때, '교수-학습 지원센터(배움실험실)'는 조용히 학교의 교수-학습을 지탱하는 기반이 된다.

조건을 지속시키는 운영의 선택

조건은 선언으로 만들어지지 않는다.
그 조건이 반복되는 방식으로 운영될 때에만, 공간은 역할을 갖게 된다.

앞에서 살펴본 것처럼, '교수-학습 지원센터(배움실험실)'의 핵심은 공간 그 자체가 아니라 그 공간에 허용된 조건에 있다. 그러나 조건은 한 번 정했다고 해서 저절로 유지되지 않는다. 학교 안에서 조건은 늘 다른 요구와 충돌하고, 일상의 흐름 속에서 쉽게 희석된다.

그래서 이 공간이 작동하기 위해서는 조건을 어떻게 운영할 것인가에 대한 선택이 뒤따라야 한다. 여기서 말하는 운영은 새로운 프로그램을 만들거나 복잡한 절차를 도입하는 일이 아니다. 오히려 이미 있는 장면 속에서, 무엇을 반복하고 무엇을 유예할 것인지를 분명히 하는 일에 가깝다.

예를 들어, 교사가 이 공간에서 자신의 수업을 이야기했을 때 '그 이야기가 회의 자료로 전환되지 않는 점', '학생의 학습 장면이 곧바로 성취나 결과의 언어로 정리되지 않는다는 점' 등은 문서 한 줄로 보장되기보다 운영의 방식으로 누적되어야 한다.

이때 중요한 것은 '얼마나 자주 열리는가'나 '누가 몇 명 참여하는가'가 아니다. 오히려 다음과 같은 경험이 반복되는가가 더 중요하다. '이 공간에서 했던 말이 다른 자리에서 다른 의미로 사용되지 않는 경험', '여기서 드러낸 고민이 이후의 관계에서 불이익으로 돌아오지 않는 경험' 등의 경험이 쌓일 때 조건은 비로소 신뢰로 전환된다.

운영은 결국 선택의 문제다. 모든 요구를 다 수용하지 않겠다는 선택, 모든 성과를 곧바로 증명하지 않겠다는 선택 그리고 이 공간만큼은 속도를 늦추겠다는 선택이다. 이 선택이 반복될수록, '교수-학습 지원센터(배움실험실)'는 '특별한 곳'이 아니라 '예측 가능한 곳'으로 인식되기 시작한다.

관리자에게 이 운영은 통제의 포기가 아니라, 조건의 명확화에 가깝다. 동료 교사에게는 추가 업무가 아니라, 안전한 사고의 여지를 제공하는 일이다. 수석교사에게는 역할을 더 늘리는 일이 아니라, 이미 알고 있는 역할이 흔들리지 않도록 지켜 주는 장치다.

그래서 이 공간의 운영은 성과 보고로 완성되지 않는다. 오히려 아마 일도 일어나지 않은 것처럼 보이는 순간들, 그러나 누군가는 안심하고 돌아갈 수 있었던 그 순간들이 이 공간이 제대로 운영되고 있다는 가장 분명한 신호가 된다.

조건을 유지하는 사람의 역할

'교수-학습 지원센터(배움실험실)'가 지속될 수 있는지는, 결국 그 조건을 누가 어떻게 지켜 내느냐에 달려 있다.

공간과 조건이 마련되었다고 해서 그 공간이 저절로 작동하는 것은 아니다. '교수-학습 지원센터(배움실험실)'이 일시적인 시도로 머무르지 않고 학교의 일상 속에 자리 잡기 위해서는, 그 조건을 반복해서 선택하고 유지하는 사람이 필요하다. 이 역할은 특정한 직무로 규정되기보다 관계와 장면 속에서 자연스럽게 드러나는 태도에 가깝다.

이 지점에서 수석교사의 역할은 다시 한번 선명해진다. 수석교사는 이 공간의 '운영자'라기보다 조건의 경계를 지키는 사람이다. 어떤 대화가 이 공간에 들어올 수 있는지, 어떤 언어가 이 공간을 벗어나야 하는지를 매번 판단하며, 조건이 흐트러지지 않도록 조정하는 역할을 맡는다. 이는 누군가를 통제하거나 규칙을 적용하는 일이 아니라, 공간이 지켜야 할 약속을 반복해서 확인하는 일에 가깝다.

실제 장면에서 이 역할은 아주 작게 드러난다. 교사가 수업에서 막힌 지점을 이야기할 때 그것을 즉시 해결 과제로 바꾸지 않는 선택, 학생의 말이 성취나 결과로 연결되려 할 때 잠시 멈추어 그 언어를 다시 과정의 언어로 돌려놓는 개입. 이런 순간마다 수석교사는 눈에 띄는 조언을 하지 않더라도, 조건이 흔들리지 않도록 공간을 지탱한다.

이 역할은 때로 오해를 받기도 한다. 적극적으로 개입하지 않는 태도가 소극적으로 보이거나, 해결을 유예하는 선택이 책임 회피로 읽히는 경우도 있다. 그러나 이 공간에서의 유예는 방임이 아니라 선택이다. 지금은 판단보다 이해가 먼저라는 선택, 지금은 속도보다 안전이 필요하다는 선택이다. 이 선택이 반복될 때, 교사와 학생은 이 공간을 신뢰하게 된다.

중요한 점은, 이 조건을 지키는 역할이 수석교사 개인의 성향이나 의지에만 맡겨져서는 안 된다는 것이다. 학교가 이 공간을 선택했다는 것은, 이러한 조건을 학교의 문화로 받아들이겠다는 의미이기도 하다. 수석교사는 그 문화를 대신 실천하는 사람이 아니라, 그 문화가 작동되도록 조율하는 사람에 가깝다.

그래서 '교수-학습 지원센터(배움실험실)'에서 수석교사의 존재는 드러나기보다 배경에 머문다. 그러나 바로 그 배경이 흔들리지 않을 때, 이 공간은 조용히 유지된다. 조건을 지키는 사람이 있다는 사실은 눈에 띄지 않지만, 그 사람이 없을 때 공간은 가장 먼저 무너진다. 수석교사의 역할은 바로 이 보이지 않는 지점을 책임지는 일이다.

학교는 이 선택을 어떻게 지속할 것인가

학교가 '교수-학습 지원센터(배움실험실)'를 선택했다는 말은, 공간 하나를 마련했다는 뜻에 그치지 않는다.

학교가 '교수-학습 지원센터(배움실험실)'를 선택했다는 말은, 이 공간의 필요성을 한 번 인정했다는 뜻에 그치지 않는다. 그것은 학교가 어떤 방식의 대화를 허용할 것인지, 어떤 판단을 잠시 유예하겠다고 선택했는지를 포함한 태도의 결정에 가깝다. 그러나 이러한 태도는 선언만으로 유지되지 않는다. 문서나 회의에서의 합의는 출발점일 뿐, 실제로는 반복되는 장면 속에서 확인될 때에만 의미를 갖는다.

이 선택이 흔들리는 순간은 대개 비슷하다. 시간이 부족해질 때, 성과를 빠르게 요구받을 때, 새로운 정책과 사업이 밀려올 때다. 이때 학교가 이 공간을 '지금은 잠시 내려 두어도 되는 선택'으로 취급하는 순간, 가장 먼저 흔들리는 것도 이 공간이다. 지속의 문제는 의지의 문제가 아니라, '무엇을 끝까지 우선에 둘 것인가'의 문제로 드러난다.

그래서 학교가 이 선택을 지속하기 위해 점검해야 할 것은, '이 공간이 언제 호출되고 언제 보호받는가'다. 바쁜 시기일수록, 결과를 요구받는 상황일수록, 이 공간의 원칙이 예외 없이 지켜지고 있는지를 되묻는 일은 중요해진다. 지속된다는 것은 늘 작동한다는 뜻이 아니라, 흔들리는 순간에도 다시 돌아올 자리를 남겨 두는 일에 가깝다.

이 선택을 지탱하는 또 하나의 조건은, 개인의 헌신에 기대지 않는 방식이다. 특정한 수석교사나 관리자 몇 사람의 의지에만 의존하는 구조는 오래가기 어렵다. 사람이 바뀌어도, 상황이 달라져도, 이 공간의 원칙이 자연스럽게 이어질 수 있도록 학교 차원의 합의와 언어가 필요하다. 지속은 개인의 노력보다 구조의 안정성에서 비롯된다.

결국 학교가 이 선택을 지속한다는 것은, 매번 새롭게 결심하는 일이 아니다. 이미 선택한 조건을 반복해서 확인하고, 흔들릴 때마다 원칙으로 되돌아오는 일이다. 그렇게 할 때 '교수-학습 지원센터(배움실험실)'는 눈에 띄지 않게, 그러나 분명하게 학교의 교수-학습을 지탱하는 기반으로 남게 된다.

그리고 어느 순간,
이 공간은 더 이상 설명되지 않는다.

교사는
막힌 수업을 떠올릴 때
자연스럽게 이곳을 생각하고,

학생은
이해가 멈춘 지점을
조심스럽게 꺼내 놓을 수 있는 자리가
학교 안에 있다는 것을 안다.

누군가 일부러 강조하지 않아도,
누군가 애써 지켜 내지 않아도,

학교는 이미
가르침과 배움이
잠시 멈춰도 괜찮은 곳이 되었기 때문이다.

그때 비로소
‘교수-학습 지원센터(배움실험실)’는
눈에 띄지 않게,
그러나 가장 오래
학교의 교수-학습을 떠받치고 있다.

이 공간에서 교사와 학생은 어떻게 존재하는가

-이 선택이 교사, 학생, 수석교사의 배움에 남긴 변화-

이 장은 제도나 운영의 성과가 아니라,
이 선택이 교사와 학생, 수석교사의
배움에 남긴 결을 기록한다.

이 선택이 학교를 바꾸는 방식

'교수-학습 지원센터(배움실험실)'는 학교에 무엇을 더하는 공간이 아니라, 학교가 무엇을 다르게 허용하기로 선택했는지를 드러내는 공간이다.

학교 안에는 이미 많은 지원이 존재한다. 연수도 있고, 상담도 있으며, 보충과 개별 지도의 체계도 마련되어 있다. 그래서 이 공간을 처음 접하는 사람은 자연스럽게 묻게 된다. "이 공간은 기존의 무엇과 다른가?", "또 하나의 지원이 필요한가?"라는 질문이다. 이 질문은 타당하다. 그러나 '교수-학습 지원센터(배움실험실)'가 학교에 남기는 변화는, 새로운 지원의 추가라기보다 학교의 시선과 태도가 이동하는 방식에 가깝다.

이 공간이 등장하면서 학교는 하나의 선택을 하게 된다. 수업이 막히는 장면을 문제로만 보지 않겠다는 선택, 배움이 흔들리는 순간을 즉각적인 처방의 대상으로만 다루지 않겠다는 선택이다. 이는 지원의 양을 늘리는 결정이 아니라, 해석의 방향을 바꾸는 결정이다. 무엇을 더 할 것인가가 아니라, 무엇을 서두르지 않겠는가를 선택하는 일이다.

이 선택은 학교의 일상적인 언어를 바꾸어 놓는다. 교사의 고민은 더 이상 '개선해야 할 지점'으로만 호출되지 않고, 함께 들여다볼 수 있는 생각의 재료가 된다. 학생의 막힘은 '보충이 필요한 상태'로만 분류되지 않고, 배움의 흐름을 이해하기 위한 단서로 다루어진다. 같은 장면을 보면서도 학교가 사용하는 언어와 반응의 속도가 달라진다.

중요한 변화는 눈에 띄는 결과보다 반복되는 장면 속에서 드러난다. 교사가 자신의 수업을 말할 때 방어적인 설명을 덧붙이지 않아도 되는 경험, 학생이 "여기서부터 모르겠다"고 말했을 때 그 말이 곧바로 평가로 이어지지 않는 경험이 쌓인다. 이 작은 경험들이 누적되면서, 학교는 점차 하나의 메시지를 스스로에게 확인하게 된다. 이 학교에서는 생각을 꺼내는 일이 위험하지 않다는 메시지다.

그래서 '교수-학습 지원센터(배움실험실)'는 학교에 새로운 기능을 남기기보다, 새로운 기준을 남긴다. 무엇이 성과인가를 묻기 전에, 무엇이 안전하게 말해질 수 있는가를 먼저 묻는 기준이다. 이 기준이 학교 안에서 자리를 잡을 때, 교사와 학생은 지원을 '받는 대상'이 아니라, 함께 사고를 이어 가는 존재로 다시 위치 지워진다.

이 장에서 다루는 변화는 단기간에 측정되기 어렵다. 그러나 분명한 것은, 이 선택이 학교를 더 빠르게 만들지는 않더라도 더 오래 생각할 수 있는 공동체로 이끈다는 점이다. 그리고 바로 그 지점에서 '교수-학습 지원센터(배움실험실)'는 학교에 남는다. 눈에 띄는 성과가 아니라, 학교가 스스로를 대하는 방식으로.

교사는 이 공간에서 어떤 사람으로 존재하는가

이 공간에서 교사는 도움을 받는 사람이 아니라, 자신의 수업을 다시 생각할 수 있는 조건을 가진 사람으로 존재한다.

교사가 '교수-학습 지원센터(배움실험실)'를 찾는 이유는 대개 분명하다. 수업이 잘 풀리지 않거나, 학생의 반응이 기대와 다르거나, 설명을 반복했음에도 이해가 이어지지 않을 때다. 그러나 이 공간에서 교사는 문제를 들고 오는 사람이 아니라, 자신의 수업을 다시 바라볼 수 있는 여지를 가진 사람으로 맞이된다. 이 차이는 작아 보이지만, 만남의 성격을 근본적으로 바꾼다.

기존의 학교 문화에서 교사가 도움을 요청하는 순간은 종종 평가의 언어와 맞닿아 있었다. 무엇이 부족했는지, 왜 잘되지 않았는지를 설명해야 했고, 그 설명은 곧 판단의 근거가 되곤 했다. 그래서 교사는 도움을 요청하기 전에 망설였고, 요청하더라도 이미 낳은 말을 삼킨 뒤에야 입을 열었다. 이때 교사는 자신의 수업을 다시 생각하기보다, 자신의 수업을 방어하거나 설명하는 위치에 서게 되기 쉬웠다.

그러나 '교수-학습 지원센터(배움실험실)'에서 교사는 다른 위치에 선다. 이 공간에서는 교사가 먼저 답을 요구받지 않는다. 대신 "어디에서 멈췄다고 느끼는가?", "어떤 장면이 계속 마음에 남는가?"와 같은 질문이 먼저 놓인다. 이 질문들은 교사의 전문성을 시험하지 않는다. 오히려 이미 가지고 있는 경험과 감각을 다시 꺼내 볼 수 있도록 돕는다. 교사는 조언을 받는 사람이 아니라, 자신의 사고를 다시 정렬할 수 있는 조건을 제공받는 사람으로 존재하게 된다.

이때 수석교사의 위치도 달라진다. 수석교사는 앞에 서서 방향을 제시하는 사람이 아니라, 교사의 사고가 흘러가는 속도를 함께 맞추는 동료로 존재한다. 문제를 대신 해결하지도, 해답을 먼저 제시하지도 않는다. 다만 교사의 말이 끊기지 않도록, 생각이 성급히 결론으로 접히지 않도록 질문의 자리를 지켜 준다. 이 관계 속에서 교사는 수석교사를 '필요할 때만 사람'이 아니라 '함께 사고의 밀도를 조율할 수 있는 존재'로 인식하게 된다.

이러한 경험이 반복될수록 교사의 태도에도 변화가 생긴다. 수업에서 막힌 지점을 혼자서 오래 붙들고 버티기보다, 다시 생각해 볼 수 있는 장면으로 받아들이게 된다. 도움을 요청하는 일이 자신의 전문성을 약화시키는 것이 아니라, 오히려 전문성을 확장하는 과정임을 경험하게 된다. 이 변화는 눈에 띄는 성과로 바로 드러나지 않을 수 있다.

그러나 교사의 질문이 조금 더 솔직해지고, 수업을 돌아보는 언어가 조금 더 정교해진다.

그래서 이 공간에서 교사는 '지도를 받는 사람'이 아니다. 자신의 수업을 다시 말할 수 있는 사람, 멈춘 지점을 안전하게 꺼내 놓을 수 있는 사람 그리고 다시 교실로 돌아갈 준비를 하는 사람으로 존재한다. 이러한 존재의 위치 변화가 쌓일 때, '교수-학습 지원센터(배움실험실)'는 교사를 지원하는 공간을 넘어, 교사의 전문성이 조용히 확장되는 조건으로 작동하게 된다.

학생은 이 공간에서 어떻게 성장하는가

학생의 성장은 더 많이 아는 데서가 아니라, 배움을 다루는 방식이 달라지는 데서 시작된다.

학생에게 '교수-학습 지원센터(배움실험실)'은 무엇인가를 더 배우는 장소로 먼저 인식되지 않는다. 오히려 이곳은 배움이 멈춘 순간을 드러내도 괜찮은 자리로 경험된다. 교실에서는 지나가 버렸던 질문, 말하지 못했던 혼란, 스스로도 설명하기 어려웠던 막힘이 이 공간에서는 잠시 붙잡혀도 된다는 감각이 먼저 형성된다. 이 감각이 학생의 성장을 가능하게 하는 출발점이 된다.

이 공간에서 학생은 '도움을 받아야 하는 대상'으로 호출되지 않는다. 대신 자신의 배움이 어디에서 멈추었는지를 함께 살펴볼 수 있는 사람으로 초대된다. 자신의 생각이 틀렸을지 모른다는 걱정, 엉뚱한 대답일지 모른다는 불안이 먼저 내려가 좋아진다. 무엇을 모르는지를 정확히 말하지 못해도 괜찮고, 설명이 엉성해도 다시 말해 볼 수 있다. 중요한 것은 정답을 맞히는 일이 아니라, 자신의 생각을 꺼내 놓아도 안전하다는 경험이다.

이 경험이 반복될 때, 학생의 태도는 조금씩 달라진다. 질문 앞에서 침묵으로 자신을 보호하기보다, 어디에서 막혔는지를 말로 붙잡아 보려는 시도가 가능해진다. 배움 앞에서 능동적이 된다는 것은 더 빨리 답을 말하는 것이 아니라, 이해되지 않는 순간에 조금 더 오래 머무를 수 있게 되는 일에 가깝다. 학생은 배움을 회피해야 할 대상이 아니라, 다뤄 볼 수 있는 과정으로 인식하기 시작한다.

이 과정에서 이루어지는 배움은 단번에 완성되지 않는다. 학생은 자신의 생각을 말해 보고, 그 말이 충분하지 않다는 것을 스스로 느끼고, 표현을 바꾸거나 다른 방식으로 접근해 본다. 이 일련의 과정은 결과를 향한 훈련이 아니라, 사고를 조정해 보는 시도에 가깝다. 이 시도가 바로 이 공간에서 허용되는 '배움의 실험'이다. 여기서의 실험은 실패를 전제로 한 도전이 아니라, 이해의 가능성을 조심스럽게 탐색해 보는 과정이다.

이러한 실험이 가능한 이유는, 이 공간에서 학생의 말이 곧바로 평가의 언어로 번역되지 않기 때문이다. 설명이 틀렸다는 이유로 즉시 정정되기보다, 어디에서 생각이 갈라졌는지를 함께 확인하는 대화가 이어진다. 학생은 자신의 생각이 판단의 대상이 아니라 탐색의 재료가 되는 경험을 하게 된다. 이 경험은 '틀려도 괜찮다'는 위로보다, '다시 생각해도 괜찮다'는 감각을 남긴다.

이 경험은 결국 교실로 되돌아간다. '교수-학습 지원센터(배움실험실)'는 학생을 교실 밖에 머물게 하는 공간이 아니라, 교실에서 다시 시도할 수 있는 힘을 준비시키는 자리다. 이 공간을 거친 학생은 질문 앞에서 조금 더 오래 머물 수 있게 되고, 이해되지 않는 순간을 무작정 넘기기보다 스스로 짚어 보려는 태도를 갖게 된다. 성장은 여기에서 드러난다. 더 많은 것을 알게 되었기 때문이 아니라, 배움을 대하는 방식이 달라졌기 때문이다.

그래서 이 공간에서의 학생 성장은 눈에 띄는 성취로 곧바로 측정되지 않는다. 대신 말의 깊이가 조금 깊어지고, 질문 앞에서 멈추는 시간이 조금 늘어나며, 이해되지 않는 순간을 외면하지 않게 되는 변화로 축적된다. 이러한 변화는 느리지만, 교실의 시간 속에서 분명히 이어진다. 학생은 더 이상 배움 앞에서 혼자가 아니라, 다시 돌아올 수 있는 경로를 알고 있는 사람으로 성장한다.

교사와 학생은
어떻게 다시 교실로 돌아가는가

'교수-학습 지원센터(배움실험실)'는 머무는 공간이 아니라, 다시 돌아가기 위한 공간이다.

'교수-학습 지원센터(배움실험실)'는 교사와 학생을 머무르게 하기보다, 다시 교실로 돌아가고 싶어지게 만드는 공간에 가깝다. 이곳에서의 경험은 교실을 대신하지 않는다. 대신 교실을 다시 생각해 볼 수 있는 여유와 방향을 준비시킨다.

교사는 이 공간에서 자신의 수업을 잠시 내려놓고 바라본다. 해답을 얻기보다 질문을 정리하고, 당장 고쳐야 할 처방보다 다음 수업에서 시도해 보고 싶은 방향을 들고 교실로 돌아간다. 그래서 돌아감은 복귀가 아니라 선택이 된다. 교사는 더 잘 가르치기 위해서가 아니라, 다르게 해 보고 싶어서 교실로 향한다.

학생에게도 비슷한 변화가 일어난다. 이곳에서 학생은 빠르게 답해야 하는 존재가 아니라, 자신의 생각을 말해도 되는 사람으로 경험된다. 틀릴까 봐, 엉뚱할까 봐 주저하던 말이 잠시 유예되고, 생각은 다듬어질 수 있다는 감각이 남는다. 그 감각은 교실로 이어진다. 학생은 교실이 다시 안전하다고 느낄 때, 질문 앞에서 조금 더 오래 머물 수 있게 된다.

이렇게 교실로 되돌아간 교사와 학생의 변화는 크지 않다. 질문의 톤이 조금 부드러워지고, 기다림의 길이가 조금 길어지며, 평가 이전의 대화가 한 번 더 허용된다. 눈에 띄는 성과로 바로 드러나지는 않지만, 이 미세한 변화들이 축적되면서 교실의 공기는 달라진다.

그래서 '교수-학습 지원센터(배움실험실)'는 변화를 대신 만들어 주는 공간이 아니다. 변화를 선택하고 싶어지는 마음을 준비시키는 공간이다. 교사와 학생이 다시 교실로 돌아가고 싶어지는 이유가 여기에 있다. 이 공간을 거친 교실은 조금 더 말해도 되는 곳이 되고, 조금 더 생각해도 되는 시간이 된다. 변화는 여기서 조용히 시작된다.

수석교사는
이 변화 속에서 어디에 서 있는가

수석교사는 이 변화의 중심에 서 있지 않다. 그러나 이 변화가 사라지지 않도록 가장 오래 곁에 머무는 사람이다.

'교수-학습 지원센터(배움실험실)'를 거치며 교사와 학생의 관계가 달라지고 교실의 공기가 조금씩 바뀌는 동안, 수석교사는 앞에 서서 이 변화를 이끌지 않는다. 대신 그 변화가 지나가 버리지 않도록 곁에 남아 있는 사람으로 존재한다. 수석교사의 역할은 무언가를 성취하게 만드는 것이 아니라, 이미 일어난 변화가 다시 원래의 언어로 되돌아가지 않도록 지켜보는 데에 가깝다.

이 공간에서 수석교사는 답을 제시하는 사람이 아니다. 교사의 질문을 대신 해결해 주지도 않고, 학생의 막힘을 곧바로 설명으로 덮어 주지도 않는다. 수석교사는 교사와 학생이 스스로 생각을 이어 갈 수 있도록, 그 생각이 머물 수 있는 시간을 확보해 주는 역할을 맡는다. 그래서 수석교사는 가르치기보다 기다리고, 판단하기보다 질문을 정리하며, 앞서기보다 속도를 맞춘다.

이 위치는 눈에 잘 띄지 않는다. 회의 자료로 남기기도 어렵고, 성과로 증명하기도 쉽지 않다. 그러나 교사가 다시 이 공간을 찾고 학생이 다시 말을 꺼내는 순간마다, 수석교사는 자신이 서 있던 자리가 어디였는지를 확인하게 된다. 변화의 중심이 아니라 변화가 다시 시작될 수 있는 지점에 서 있었음을 알게 되는 것이다.

이러한 위치는 수석교사 개인의 성향이나 태도만으로 유지되기 어렵다. 그래서 '교수-학습 지원센터(배움실험실)'라는 구조가 필요했다. 이 구조는 수석교사 언제든 앞에 나서야 하는 사람으로 호출되지 않도록 보호하고, 동시에 사라져 버리는 존재가 되지 않도록 붙잡아 준다. 수석교사는 이 구조 안에서만 비로소 조용히 그러나 안정적으로 역할을 수행할 수 있다.

결국 수석교사는 변화를 주도하는 사람이 아니라, 변화가 가능했던 조건을 기억하는 사람이다. 교사와 학생이 다시 교실로 돌아간 뒤에도 그때의 질문과 여유, 기다림이 완전히 사라지지 않도록 곁에 머무는 사람이다. 수석교사가 이 변화 속에서 서 있는 자리는 바로 그 지점이다. 앞도 뒤도 아닌, 다시 돌아올 수 있는 경로의 한쪽에 조용히 서 있는 자리다.

이 공간이 남긴 것은
새로운 방법이 아니라,
다시 말해도 되는 배움의 감각이었다.

교사는
설명하지 못한 수업의 장면을
다시 바라볼 수 있는 여유를 얻었고,

학생은
틀렸다는 이유로 멈추지 않아도 되는
다시 생각할 수 있는 자리를 기억하게 되었다.

그리고 수석교사는
앞에 서지 않았지만,
그 배움이 돌아올 수 있도록
조용히 자리를 지키는 존재로 남았다.

이 선택은
학교를 바꾸지 않았을지도 모른다.
그러나 학교 안의 배움이
다시 돌아올 수 있는 길을 잃지 않게 했다.

2부

현장에서 다시 꺼내 쓰는 언어들

2부를 읽기 전에

현장에서 다시 꺼내 쓰는 언어들

1부가 하나의 선택이 어떻게 공간이 되고, 조건이 되며, 학교의 태도로 자리 잡는지를 바라보는 여정이었다면, 2부는 그 선택이 현장에서 어떻게 다시 사용되고, 조율되고, 이어질 수 있는지를 다루는 장이다. 여기서 말하는 '사용'은 적용이나 실행을 의미하지 않는다. 오히려 상황마다 다시 꺼내 보고, 흔들릴 때마다 방향을 확인하는 과정에 가깝다. 이 부는 정해진 답을 따르기보다, 이미 선택한 태도를 다시 확인하는 언어의 자리다.

학교의 현장은 늘 복합적이다. 같은 공간, 같은 사람, 같은 원칙이라 하더라도 상황에 따라 판단은 달라지고, 말의 무게도 달라진다. 그래서 이 책은 2부에서 '이렇게 하라'는 문장을 제시하지 않는다. 대신 학교가 실제로 마주하는 장면 앞에서 무엇을 서두르지 않기로 했는지, 누구의 말을 먼저 머물게 할 것인지, 그리고 어떻게 다시 교실로 되돌려보낼 것인지를 언어로 정리한다. 이 언어들은 기준이라기보다, 판단의 방향을 가늠하게 하는 나침반에 가깝다.

2부에 실린 글들은 완성된 매뉴얼이 아니다. '교수-학습 지원센터(배움실험실)'를 둘러싼 개념이 혼동될 때 이 공간이 무엇이고 무엇이 아닌지를 다시 구분하기 위해 마련된 정리며, 현장에서 반복적으로 흔들렸던 지점에서 무엇을 지키기로 선택했는지를 모아 놓은 가이드다. 따라서 이 부의 글들은 단독으로 읽히기보다, 앞뒤로 오가며 다시 확인되기를 전제로 한다.

그래서 2부는 읽고 덮는 장이 아니라, 펼쳐 두고 함께 사용하는 장이다. 연수의 한 장면에서, 회의의 한 문장 옆에서, 교실과 교실 사이의 짧은 대화 속에서 다시 불러 오기를 기대하며 놓여 있다. 필요할 때 꺼내 보고, 지금의 상황에 맞지 않으면 조정하고, 다시 써 내려갈 수 있도록 열린 상태로 제시된다. 이 언어들은 누군가의 소유가 아니라 학교가 함께 다루어야 할 공통의 자산이다.

2부는 이 책의 결론이 아니다. 오히려 1부에서 시작된 질문이 학교 안에서 계속 살아 움직일 수 있도록 돕는 연결의 장이다. 이 부를 통해 독자는 '무엇을 해야 하는가'보다, '무엇을 다시 확인할 것인가'를 조금 더 분명히 갖게 되기를 바란다. 그 질문이 남아 있는 한, '교수-학습 지원센터(배움실험실)'는 하나의 제도가 아니라 학교가 스스로를 점검하는 언어로 남을 수 있을 것이다.

교수-학습 지원센터(배움실험실) 한눈에 보기

-이 공간은 무엇이고, 무엇이 아닌가-

이 장은 '교수-학습 지원센터(배움실험실)'를
헷갈리지 않기 위해 필요한 최소한의 언어를 정리한다.

'교수-학습 지원센터(배움실험실)'를 한 문장으로 말한다면

'교수-학습 지원센터(배움실험실)'는 문제를 해결하기 위해 만들어진 공간이 아니다. 이 공간은 문제가 생겼을 때 곧바로 해결로 이동하지 않겠다고 선택한 학교의 태도를 담은 자리다. 무엇을 보충할 것인가보다 어디에서 멈추었는가를 먼저 묻고, 누가 잘했는가보다 어떤 말이 아직 남아 있는가를 살펴보기 위해 마련된 조건의 공간이다.

그래서 이 장은 이 공간을 운영하는 방법보다, 이 공간을 헷갈리지 않기 위해 필요한 최소한의 기준을 정리한다. 무엇을 하자는 곳인지보다, 무엇을 일부러 하지 않기로 한 곳인지를 먼저 분명히 한다.

'교수-학습 지원센터(배움실험실)'는 무엇인가

- 프로그램이 아니라 선택이다

이 공간은 새로운 사업이나 프로그램을 도입하기 위해 만들어진 것이 아니다. 이미 학교 안에서 반복되어 온 멈춤, 질문, 망설임을 다른 방식으로 다루겠다는 선택의 결과다. 따라서 운영 횟수나 참여 인원보다 중요한 것은, 이 공간이 언제 호출되고 어떤 언어로 유지되는가이다.

• 보충의 자리가 아니라 탐색의 자리다

이곳은 부족한 부분을 채우기 위해 마련된 공간이 아니다. 무엇을 더 가르칠 것인가보다, 어디까지 이해했는지를 함께 확인하는 데 목적이 있다. 학생과 교사의 말이 곧바로 처방이나 보완으로 이어지지 않고, 잠시 머물 수 있도록 허용되는 조건이 이 공간의 핵심이다.

• 상담의 대체물이 아니라 대화의 조건이다

'교수-학습 지원센터(배움실험실)'는 개인 상담을 대신하는 공간이 아니다. 개인의 문제를 진단하거나 감정을 해석하기보다, 교수와 학습의 장면에서 생긴 멈춤을 안전하게 말할 수 있도록 대화의 조건을 마련한다. 그래서 이 공간에서 다뤄지는 것은 사람의 성격보다 장면과 흐름이다.

무엇과 헷갈리기 쉬운가

〈표 1〉은 우열을 가리기 위한 것이 아니다. 다만 '교수-학습 지원센터(배움실험실)'가 어떤 기능을 대신하려 할 때 가장 쉽게 흔들리는지를 보여 주기 위한 비교다. 이 공간이 오래 유지되지 못하는 이유는 대개 이 경계가 흐려지는 순간에서 시작된다.

<표 1> 개념 비교를 통해 경계 분명히 하기

구분	교수-학습 지원센터(배움실험실)	보충·보정	상담
목적	멈춤의 지점을 함께 탐색	부족한 부분을 채움	개인의 정서·문제해결
중심질문	"어디에서 멈추었는가"	"무엇이 부족한가"	"왜 힘든가"
말의 성격	미완의 생각, 질문	정답, 설명	감정, 경험
판단의 위치	유예됨	즉시 개입	해석중심
결과	다시 교실로 돌아갈 질문	향상·보완	안정·조절

반드시 지켜야 할 것

- 판단을 잠시 미룰 것

이 공간에서는 맞고 틀림, 잘함과 못함의 언어가 가장 늦게 등장해야 한다. 판단이 앞서면 말은 줄어들고, 질문은 닫힌다.

- 해결보다 장면에 머물 것

문제를 규정하기보다, 멈춤이 발생한 장면을 함께 다시 바라본다. 해결은 목표가 아니라 결과다.

• 다시 교실로 돌아갈 여지를 남길 것

이 공간은 머무는 곳이 아니라 되돌아가기 위한 곳이다. 여기서 만들어지는 것은 해답이 아니라, 교실에서 다시 붙잡을 질문이다.

일부러 하지 않기로 한 것

• 즉각적인 처방을 하지 않는다

이 공간은 빠른 개입으로 문제를 정리하지 않는다. 오히려 개입을 늦추는 선택을 통해 생각의 흐름을 지킨다.

• 성과를 요구하지 않는다

운영 결과를 수치로 증명하려 하지 않는다. 이 공간의 성과는 말의 깊이, 질문의 결, 기다림의 길이로 나타난다.

• 특정 개인의 역할로 환원하지 않는다

'교수-학습 지원센터(배움실험실)'는 특정 수석교사나 담당자의 역량에 기대어 유지되는 구조가 아니다. 사람이 바뀌어도 조건이 남을 수 있도록 학교의 선택으로 관리된다.

함께 만들어 가는 가이드

-현장에서 다시 꺼내 쓰기 위한 선택의 언어들-

이 장은 '교수-학습 지원센터(배움실험실)'가
현장에서 흔들릴 때마다
다시 방향을 확인할 수 있도록 돕는
'함께 만들어 가는 가이드'를 제시한다.

‘함께 만들어 가는 가이드’를 읽기 전에

가이드 1. ‘교수-학습 지원센터(배움실험실)’에서 무엇을 서두르지 않도록 할 것인가

- 이 공간은 해결을 서두르지 않는다.
- 이 공간은 원인을 규정하기보다 지점을 바라본다.
- 이 공간은 정답보다 탐색의 시간을 허용한다.

가이드 2. ‘교수-학습 지원센터(배움실험실)’에서는 누구의 말이 먼저 머물 수 있는가

- 이 공간은 설명보다 경험의 말을 먼저 둔다.
- 이 공간은 조언보다 질문을 앞세운다.
- 이 공간은 빠른 말보다 오래 머문 말을 기다린다.
- 이 공간은 판단의 언어를 뒤로 미룬다.

가이드 3. '교수-학습 지원센터(배움실험실)'에서 어떻게 다시 교실로 되돌려 보낼 것인가

- 이 공간은 머무르게 하지 않고 되돌려보낸다.
- 이 공간은 대신 가르치지 않는다.
- 이 공간은 다시 시도할 방향만 남긴다.
- 이 공간은 다시 돌아올 수 있다는 감각을 교실에 남긴다.

함께 만들어 가는 가이드 1

'교수-학습 지원센터(배움실험실)'에서 무엇을 서두르지 않을 것인가

이 공간은 해결을 서두르지 않는다.

'교수-학습 지원센터(배움실험실)'는 문제를 만나자마자 답으로 이동하는 곳이 아니다. 무엇이 잘못되었는지를 규정하기보다, 어디에서 멈추었는지를 함께 바라보는 것을 먼저 선택한다. 이 공간에서 해결은 목표가 아니라 결과이며, 이해와 탐색은 그 이전에 놓인다. 이 순서가 지켜질 때에만, 이 공간은 처방과 보완의 자리로 되돌아가지 않는다.

가이드 1-1. 이 공간은 해결을 서두르지 않는다

'교수-학습 지원센터(배움실험실)'에서는 문제를 만났을 때 곧바로 해결책으로 이동하지 않는다. 이 공간이 먼저 묻는 것은 '무엇이 잘못되었는

가'가 아니라, '어디에서 멈추었는가'다. 이해가 끊긴 지점, 말로 꺼내지 못했던 순간, 그냥 지나쳐 버린 장면을 함께 다시 바라보는 일이 해결보다 앞선다. 이곳에서 해결은 목표가 아니라 결과이며, 이해와 탐색이 충분히 이루어진 뒤에야 따라온다. 이 순서가 지켜지지 않을 때, 이 공간은 다시 처방과 보완을 빠르게 결정하는 자리로 되돌아가기 쉽다.

예시

<교사와의 만남>

- 교사: 학생들이 이해를 못 한 것 같아서요. 다시 설명을 해야 할지, 보충을 해야 할지 모르겠어요.
- 수석교사: 지금 가장 먼저 떠오르는 장면이 있어요? 아이들이 멈췄던 순간 말이에요.
- 교사: 설명을 듣다가 몇몇 학생들이 그냥 고개를 숙였어요. 그때 제가 그냥 넘어갔고요.
- 수석교사: 그 장면을 조금 더 같이 들여다봐도 괜찮을 것 같아요. 해결을 정하기 전에요.

<학생과의 만남>

- 학생: 여기까지는 알겠는데, 그다음부터는 잘 모르겠어요.

- **수석교사:** 모른다는 말 말고, 지금 머릿속에 떠오르는 걸 그대로 말해 줄 수 있을까?
- **학생:** 맞는지는 모르겠는데, 이렇게 생각했어요.
- **수석교사:** 괜찮아. 지금은 맞는지보다, 네가 어디까지 생각했는지가 더 중요해.

가이드 1-2. 이 공간은 원인을 규정하기보다 지점을 바라본다

이 공간에서의 대화는 평가의 언어와 분리되어 있다. 교사와 학생이 자신의 생각과 막힘을 드러내는 순간, 그것이 곧바로 잘함과 못함, 옳음과 그름으로 환원되지 않는다는 신뢰가 전제된다. 이곳에서는 원인을 빠르게 규정하기보다, 생각이 멈추었던 지점과 흐름이 달라졌던 순간을 함께 바라본다. 판단이 앞서기 시작하면 말은 줄어들고, 설명은 닫히며, 탐색은 멈춘다. 그래서 이 공간은 원인을 찾는 자리라기보다, 멈춘 지점을 안전하게 드러낼 수 있는 자리로 유지되어야 한다.

예시

<교사와의 만남>

- **교사:** 제가 설명을 잘못한 건지, 학생들이 준비가 안 된 건지 헷갈려요.

- 수석교사: 지금은 '잘했다, 못했다'를 정리하기보다, 그때 교실에서 어떤 흐름이 있었는지를 먼저 놓아 두면 어떨까요?
- 교사: 판단을 안 하려니까 오히려 더 생각하게 되네요.
- 수석교사: 그 지점이 지금 우리가 머물 자리인 것 같아요.

<학생과의 만남>

- 학생: 이렇게 말하면 틀린 거죠?
- 수석교사: 지금은 맞고 틀리고를 정하지 않을게. 네 생각이 어디서 시작됐는지만 같이 보자.
- 학생: 그러면 조금 더 말해 볼 수 있을 것 같아요.

가이드 1-3. 이 공간은 정답보다 탐색의 시간을 허용한다

'교수-학습 지원센터(배움실험실)'에서는 설명이 매끄럽지 않아도, 생각이 아직 정리되지 않아도 괜찮다. 말은 처음부터 완성된 형태로 나올 필요가 없으며, 이 공간에서는 생각이 다듬어지는 과정을 허용한다. 정답을 빠르게 확인하려는 속도가 앞설 때, 탐색의 시간은 사라지고 이 공간은 다시 효율의 논리로 작동하게 된다. 그래서 이곳에서의 기다림은 여유가 아니라 탐색을 가능하게 하는 조건이다.

예시

<교사와의 만남>

- 교사: 정리가 안 된 상태로 말해도 괜찮을지 모르겠어요.
- **수석교사:** 괜찮아요. 지금은 정리된 말보다 생각이 남아 있는 말이 더 필요해요.

<학생과의 만남>

- 학생: 뭐라고 말해야 할지 모르겠어요.
- 수석교사: 괜찮아. 천천히 생각나는 대로 말해도 돼. 여기서는 시간이 조금 더 있어.

함께 만들어 가는 가이드 2

'교수-학습 지원센터(배움실험실)'에서는 누구의 말이 먼저 머물 수 있는가

이 공간은 해결을 서두르지 않는다.

'교수-학습 지원센터(배움실험실)'에서는 누가 먼저 말하는지가 중요하다. 설명이 앞서지 않고, 조언이 먼저 나오지 않으며, 판단의 언어가 대화를 덮지 않도록 말의 흐름을 조정한다. 이 공간은 가장 빨리 말할 수 있는 사람보다, 가장 오래 멈추어 있던 말이 먼저 머물 수 있도록 설계된 자리다.

가이드 2-1. 이 공간은 설명보다 경험의 말을 먼저 둔다

'교수-학습 지원센터(배움실험실)'에서는 전문가의 설명보다 교사의 경험이 먼저 놓인다. 이 공간에서 수석교사는 방향을 제시하는 사람이

아니라, 말이 안전하게 머물 수 있도록 속도를 조율하는 사람으로 존재한다. 교사의 말이 충분히 놓이기 전에 설명이 앞서면, 이 공간은 다시 조언과 처방의 자리로 이동한다. 그래서 이곳에서는 '무엇을 말해 줄 것인가'보다 '누구의 말이 먼저 놓이는가'가 더 중요해진다.

예시

<교사와의 만남>

- 교사: 요즘 학생들이 분수 문제에서 계속 막히는 것 같아요. 설명을 여러 번 했는데도요.
- 수석교사: 설명을 여러 번 하셨을 때 학생들이 어떤 반응을 보였는지 조금 더 이야기해 주실 수 있을까요?
- 교사: 고개는 끄덕이는데, 막상 문제를 풀면 같은 데서 또 멈추더라고요.
- 수석교사: 그 장면에서 선생님은 어떤 생각이 가장 먼저 드셨나요?

이 장면에서 수석교사는 해결 방법을 제시하지 않는다. 대신 교사의 말이 스스로 정리될 수 있도록 질문의 속도를 늦춘다. 이 공간에서 먼저 머무는 것은 설명이 아니라 경험의 언어다.

가이드 2-2. 이 공간은 조언보다 질문을 앞세운다

이 공간에서 학생의 말은 맞고 틀림으로 즉시 분류되지 않는다. 학생이 말을 꺼내는 순간, 그 말은 판단의 대상이 아니라 탐색의 출발점으로 다뤄진다. 조언이 먼저 나오기 시작하면, 학생의 말은 끝까지 머물지 못하고 사라진다. 그래서 이 공간에서는 정답을 제시하기보다, 학생의 생각이 어디에서 시작되었는지를 묻는 질문이 앞선다.

예시

<학생과의 만남>

- 학생: 잘 모르겠어요. 그냥 이렇게 하면 될 것 같아요.
- 수석교사: '그냥 이렇게'라고 한 생각이 어디서 떠올랐는지 말해 줄 수 있을까?
- 학생: 문제 앞에 있는 그림이랑 비슷해서요. 근데 왜 그런지를 잘 모르겠어요.
- 수석교사: 지금 말한 것도 충분히 중요한 생각이야. 그 그림을 보면서 어떤 부분이 가장 먼저 눈에 들어왔는지도 한번 말해 볼래?

이 대화에서 학생의 말은 바로 수정되거나 평가되지 않는다. 대신 조금 더 말해도 되는 상태로 유지된다. 이 경험이 반복될수록 학생은 자신의 말이 사라지지 않는다는 감각을 갖게 된다.

가이드 2-3. 이 공간은 빠른 말보다 오래 머문 말을 기다린다

이 공간이 학교 안에서 지속되기 위해서는 관리자 또한 말의 내용을 서두르기보다, 말이 머무는 조건을 함께 점검하는 위치에 서야 한다. 관리자가 방향이나 성과를 먼저 요구하는 순간, 이 공간은 다시 점검과 보고의 언어로 채워진다. 그래서 이곳에서는 '무엇을 했는가'보다 '어떤 말들이 머물고 있는가'를 먼저 묻는 태도가 필요하다.

예시

<운영을 둘러싼 대화>

- **관리자:** 이 공간을 통해 어떤 성과를 기대할 수 있을까요?
- **수석교사:** 성과를 바로 이야기하기보다, 이 공간에서 어떤 말들이 먼저 나오고 있는지를 함께 살펴보면 좋겠습니다.
- **관리자:** 그러면 이 공간에서는 어떤 말들이 가장 자주 나오고 있나요?

이 장면에서 관리자는 결과를 요구하는 위치에서, 말이 머무는 조건을 묻는 위치로 이동한다. 이러한 이동이 가능할 때, 이 공간은 학교 안에서 보호받을 수 있다.

가이드 2-4. 이 공간은 판단의 언어를 뒤로 미룬다

'교수-학습 지원센터(배움실험실)'에서 '누구의 말이 먼저 머무를 수 있는가'는 운영 방식의 문제가 아니라 공간의 성격을 결정하는 기준이다. 이곳에서 수석교사는 해석과 판단을 앞세우기보다, 교사와 학생의 말이 충분히 놓일 수 있도록 속도를 늦춘다. 말이 먼저 놓이고, 그다음에 의미가 다루어진다는 순서가 지켜질 때, 이 공간은 설명의 자리가 아니라 탐색의 자리로 작동한다.

예를 들어, 수석교사가 먼저 결론을 말하지 않았기 때문에 교사는 자신의 수업 맥락을 끝까지 설명할 수 있었고, 학생의 말이 즉시 정정되지 않았기 때문에 한 번 더 생각해 볼 시간을 가질 수 있었다. 이러한 장면들이 반복될수록, 이 공간은 '무엇을 말해야 하는 곳'이 아니라 '말이 머물 수 있는 곳'으로 기억된다. 말의 순서를 바꾸는 이 작은 선택이 '교수-학습 지원센터(배움실험실)'를 조용하지만 분명한 신뢰의 공간으로 만든다.

함께 만들어 가는 가이드 3

'교수-학습 지원센터(배움실험실)'에서 어떻게 다시 교실로 되돌려 보낼 것인가

이 공간은 머무는 곳이 아니라 되돌려 보내는 곳이다.

'교수-학습 지원센터(배움실험실)'는 교사와 학생을 교실 밖에 붙잡아 두지 않는다. 여기에서 이루어지는 질문과 탐색은 다시 교실로 돌아가기 위한 준비에 가깝다. 이 공간은 대신 가르치거나 대신 배우는 곳이 아니라, 교실에서 다시 시도할 수 있는 방향과 용기를 정리하는 자리다.

가이드 3-1. 이 공간은 머무르게 하지 않고 되돌려보낸다

교수-학습 지원센터(배움실험실)'에서 만들어지는 것은 정답이 아니라 질문이다. 이 공간은 교사와 학생에게 "이렇게 하면 된다"는 결론을 제

공하지 않는다. 대신, 교실로 돌아가 다시 붙잡아 볼 질문의 결을 함께 다듬는다. 머무는 시간이 길어질수록 중요한 것은 해결이 아니라, 되돌아갈 방향이 분명해지는 일이다.

예를 들어, 교사는 수업을 다시 준비하며 설명을 보완하기보다 "이 지점에서 아이들이 왜 멈췄을까?"라는 질문을 수업의 중심에 놓기 시작한다. 학생 역시 정답을 말해야 한다는 압박보다 "여기까지는 알겠는데, 이 다음이 헷갈린다"는 말을 떠올리며 교실에 들어선다. 이처럼 교실로 돌아가는 길에는 해답이 아니라, 다시 붙잡을 질문이 함께 실려 있다. 이 질문이 교실에서 살아남을 때, 배움은 다시 시작될 수 있다.

가이드 3-2. 이 공간은 대신 가르치지 않는다

이 공간을 거친 교실에서 가장 먼저 달라지는 것은 수업의 구조가 아니라 리듬이다. 교사와 학생 모두 이전보다 조금 더 오래 멈추는 법을 배운다. '교수-학습 지원센터(배움실험실)'는 교실을 대신해 가르치지 않는다. 대신, 교실에서 다시 가르칠 수 있도록 기다림의 길이를 함께 늘려 준다.

예를 들어, 교사는 학생의 답이 어긋났을 때 곧바로 정정하기보다 "어디까지는 이해한 걸까?"를 한 번 더 확인한다. 학생 역시 답을 말하기 전, 바로 손을 들기보다 자신의 생각을 한 번 더 정리하려는 시간을 갖는다. 이 변화는 크지 않다. 그러나 기다림이 허용되는 교실은, 틀리지 않기 위해 말하지 않는 교실과 분명히 다르다. 이 공간은 그 차이를 교실로 함께 돌려보낸다.

가이드 3-3. 이 공간은 다시 시도할 방향만 남긴다

이 공간을 경험한 이후, 교실에서는 평가의 시점이 조금 늦춰진다. 그 자리를 먼저 채우는 것은 이해를 확인하는 대화다.

예를 들어, 학생의 설명이 충분하지 않을 때, 교사는 곧바로 채점의 언어로 반응하지 않는다. 대신 "이렇게 생각한 이유를 조금 더 말해 줄 수 있을까?"라는 질문이 먼저 나온다. 학생 역시 틀릴까 봐 말을 줄이기보다 자신의 생각을 끝까지 말해 보려는 시도를 한다.

이러한 변화는 평가를 없애기 위한 것이 아니다.

가이드 3-4. 이 공간은 다시 돌아올 수 있다는 감각을 교실에 남긴다

가이드 3에서 가장 중요한 것은 교실에 남는 하나의 감각이다. 바로 '다시 돌아올 수 있다'는 인식이다. '교수-학습 지원센터(배움실험실)'는 교실을 완성된 공간으로 만들지 않는다. 대신, 멈춤 이후에도 돌아올 수 있는 경로를 교실 안에 남긴다.

예를 들어, 수업 중 이해되지 않는 순간을 만났을 때 학생은 예전처럼 그 지점을 지나쳐 버리기보다 마음속으로 이렇게 생각할 수 있다.

‘지금은 잘 모르지만, 다시 다뤄 볼 수는 있어.’ 교사 역시 수업이 기대만큼 흘러가지 않았을 때 실패로 규정하기보다, ‘이 장면은 다시 살펴볼 수 있다’는 여지를 남긴다. 이 경로가 존재할 때, 교실은 성과 중심의 공간이 아니라 다시 배움이 가능한 공간으로 유지된다.

‘함께 만들어 가는 가이드’를 현장에 연결하기

-역할에 따라 다시 불리는 언어들-

이 장은 ‘교수-학습 지원센터(배움실험실)’를
현장에서 살아 움직이게 만드는
‘역할별 안내 언어와 공간의 문장들을 담는다.

관리자를 위한 안내 언어

'교수-학습 지원센터(배움실험실)'를 번역하는 사람

'교수-학습 지원센터(배움실험실)'를 이야기할 때, 가장 먼저 필요한 것은 공간을 요구하는 말이 아니라 의미를 설명하는 언어다. 이 공간을 마련하려는 수석교사나 교사는 관리자에게 먼저 묻게 된다. "왜 필요한가, 무엇을 하려는 공간인가, 기존의 공간과 무엇이 다른가." 이 질문에 답하는 언어는 동시에, 관리자가 다시 교사와 학부모에게 건네야 할 언어이기도 하다.

그래서 여기에서 다루는 언어는 두 방향을 동시에 가진다. 하나는 관리자를 설득하기 위한 언어고, 다른 하나는 관리자가 학교 안에서 사용해야 할 언어다. 이 두 언어는 다르지 않다. 오히려 같은 언어가 반복해서 사용될 때, '교수-학습 지원센터(배움실험실)'는 제도가 아니라 학교의 선택으로 이해되기 시작한다.

먼저, '교수-학습 지원센터'라는 이름이 의미하는 바를 분명히 할 필요가 있다. 이 명칭은 교사와 학생을 지원하기 위한 기능의 이름이다. 수업과 배움을 둘러싼 어려움이 생겼을 때, 그 문제를 개인의 역량이나 책임으로 환원하지 않고 학교 차원에서 함께 다루겠다는 구조적 선언에 가깝다. 그래서 '교수-학습 지원센터'는 새로운 프로그램을 운영하기 위한 조직이 아니라, 교수와 학습을 다루는 태도를 분명히 하기 위한 선택이다.

이때 수석교사나 교사는 관리자에게 이렇게 말할 수 있다.

"교수-학습 지원센터는 무엇을 더 하자는 공간이 아니라, 교수와 학습의 어려움을 개인에게 맡기지 않겠다는 학교의 선택입니다."

이 문장은 공간의 필요성을 호소하기보다, 학교가 어떤 책임을 지겠다는 것인지를 분명히 드러낸다.

이어지는 '배움실험실'이라는 이름은 이 공간의 작동 방식을 설명하는 언어다. '실험실'이라는 말은 종종 오해를 부른다. 과학실처럼 도구를 다루는 공간이나, 특별한 활동을 하는 장소로 상상되기 때문이다. 그러나 배움실험실에서의 실험은 결과를 증명하기 위한 실험이 아니다. 오히려 생각이 멈춘 지점을 다시 꺼내 보는 시도, 판단을 잠시 유예한 채 이해의 경로를 탐색해 보는 과정에 가깝다.

이때 이렇게 설명할 수 있다.

"배움실험실에서의 실험은 정답을 확인하는 실험이 아니라, 어디에서 생각이 멈췄는지를 다시 살펴보는 실험입니다."

이 설명은 '왜 실험실인가'라는 질문에 가장 단순하면서도 정확하게 답한다. 관리자가 이 언어를 이해하면, 이후의 설명 방식도 달라진다. 교사에게는 이렇게 말할 수 있다.

"이 공간은 도움을 받으러 오는 곳이 아니라, 수업에서 멈췄던 장면을 안전하게 다시 꺼내 볼 수 있는 자리입니다."

학생에게는 이렇게 전할 수 있다.

"여기는 틀리지 않기 위해 조심하는 곳이 아니라, 다시 생각해 볼 수 있도록 잠시 멈춰도 되는 곳이야."

학부모에게는 이렇게 설명할 수 있다.

"배움실험실은 보충이나 상담을 대신하는 공간이 아니라, 아이가 배움을 포기하지 않도록 과정의 언어를 지켜 주는 자리입니다."

이처럼 '교수-학습 지원센터(배움실험실)'는 대상마다 다른 말을 요구하지 않는다. 다만 같은 의미가 각자의 위치에 맞게 번역될 뿐이다.

그래서 관리자의 역할은 이 공간을 적극적으로 홍보하는 사람이 아니라, 오해되지 않도록 지켜 주는 사람에 가깝다.

이를 위해 관리자는 몇 가지를 의식적으로 선택해야 한다.

첫째, 이 공간에 대해 성과나 결과를 먼저 요구하지 않는다는 점을 분명히 하는 일이다.

둘째, 교사와 학생의 말이 곧바로 평가의 언어로 돌아가지 않도록 보호하는 일이다.

셋째, 이 공간이 특정한 사람의 시도가 아니라 학교의 공통된 선택임을 반복해서 확인하는 일이다.

그래서 관리자가 회의나 연수, 짧은 안내 자리에서 이렇게 말해 줄 수 있다면 충분하다.

"이 공간은 빨리 해결하기 위한 곳이 아니라, 서두르지 않기 위해 학교가 남겨 둔 자리입니다."

이 문장이 학교 안에서 여러 번 다시 불릴 때, '교수-학습 지원센터(배움실험실)'는 이름이 아니라 태도로 작동하기 시작한다.

결국 이 공간을 설명하는 언어는 누군가를 설득하기 위한 기술이 아니라, 학교가 무엇을 중요하게 여기고 있는지를 드러내는 신호다. 수석교사와 관리자가 같은 언어를 공유할 때, 이 공간은 비로소 학교 안에서 말해도 괜찮은 선택으로 자리 잡을 수 있다.

교사를 위한 안내 언어

교사가 이 공간을 이해할 때, 학생에게 전해지는 말이 달라진다

'교수-학습 지원센터(배움실험실)'는 교사가 먼저 이해하지 않으면 학생에게 전달될 수 없고, 교사가 그 의미를 오해하면 학생에게는 부담으로 다가가기 쉽다. 그래서 이 공간을 운영하기에 앞서 교사에게 먼저 분명히 할 필요가 있는 것은, 이곳이 무엇을 하게 하는 공간인지보다 어떤 상태를 가능하게 하는 공간인지에 대한 이해다.

'교수-학습 지원센터'라는 이름은 교사에게 작동하는 언어다. 이 이름은 수업과 배움에서 생기는 어려움을 교사 개인의 역량이나 노력의 문제로 남겨 두지 않겠다는 학교의 선택을 담고 있다. 이 공간을 통해 교사는 문제를 해결해야 하는 사람이기 전에, 혼자 감당하지 않아도 되는 사람이 된다. 그래서 '교수-학습 지원센터'는 '도움을 받으러 가는 곳'이라기보다, 어려움을 개인에게 되돌리지 않는 구조를 확인하는 이름에 가깝다.

반면 '배움실험실'이라는 이름은 학생에게 작동하는 언어다. 이 공간에서의 실험은 정답을 증명하기 위한 시도가 아니라, 생각이 멈춘 지점을 다시 꺼내 보고 판단을 잠시 미룰 수 있도록 허용받는 경험을 뜻한다. 이 이름은 학생에게 '틀리면 안 되는 곳'이 아니라, '다시 생각해도 되는 곳'이라는 감각을 먼저 남기기 위해 선택되었다. 그래서 배움실험실은 교사 중심의 이름이 아니라, 학생 중심의 경험을 설명하는 이름으로 이해될 필요가 있다.

이 두 이름을 함께 이해할 때, 교사는 이 공간을 특정한 지원 장소로 분리하지 않게 된다. 대신 자신의 수업과 사고 안에서 다음과 같은 선택이 가능해진다.

- 이 장면은 혼자 넘기지 않아도 되겠다.
- 지금은 설명을 더하기보다, 이 말을 한 번 더 들어볼 수 있겠다.

이처럼 말의 결이 바뀌는 순간, '교수-학습 지원센터(배움실험실)'는 외부의 제도가 아니라 교사의 사고 안으로 들어온 조건이 된다. 교사에게 이 공간이 의미를 갖는 이유는 여기에서 문제를 해결할 수 있기 때문이 아니다. 오히려 문제를 해결하지 않은 상태로도 머물 수 있기 때문이다. 설명을 더 준비하지 않아도 되고, 즉시 보완 계획을 세우지 않아도 되는 자리, 대신 "이때 아이들의 생각은 어디에서 멈췄을까?"라는 질문을 안전하게 꺼내 놓을 수 있는 자리라는 점에서 이 공간은 다르다.

교사가 이 공간을 이렇게 이해하게 되면, 학생에게 건네는 말도 달라진다. 교사는 더 이상 이곳을 보충을 받는 곳이나 상담을 하는 곳으로 설명하지 않는다. 대신 학생에게 이렇게 말할 수 있게 된다.

“여기는 정답을 빨리 찾는 곳이 아니라, 어디서부터 다시 생각해 볼지 같이 보는 곳이야.”

이 말은 학생에게 과제를 주지 않는다. 대신 이 공간이 안전하다는 감각을 먼저 전달한다. ‘여기 가도 되나?’라는 질문이 ‘여기서 한번 같이 생각해 볼 수 있겠다’로 바뀌는 순간, 배움실험실은 학생에게 낯선 장소가 아니라 교실의 연장으로 인식되기 시작한다.

결국 교사를 위한 안내 언어의 핵심은 단순하다. 이 공간에서는 잘해야 할 이유보다 말해도 되는 이유가 먼저 주어진다는 점이다. 교사가 이 점을 이해할 때, 학생에게 전해지는 배움실험실의 첫인상도 달라진다. 이때 ‘교수-학습 지원센터(배움실험실)’는 제도가 아니라, 교사와 학생이 함께 누릴 수 있는 충분한 조건으로 작동하기 시작한다.

<교사에게 전할 수 있는 메신저용 안내 문안(예시)>

안녕하세요.
이번에 안내드리는 '교수-학습 지원센터(배움실험실)'는 무엇을 더 잘하게 하려는 공간이 아니라, 수업과 배움에서 멈춘 장면을 혼자 넘기지 않아도 되도록 학교가 함께 남겨 둔 자리입니다.

교사에게는 '혼자 해결하지 않아도 되는 조건'으로, 학생에게는 '다시 생각해도 되는 경험'으로 작동하는 공간입니다.

필요할 때, 서두르지 않고 함께 살펴볼 수 있도록 편하게 떠올려 주셔도 됩니다.

학생을 위한 안내 언어

이 공간은 잘 설명하는 곳이 아니라, 다시 생각해도 되는 곳이다

학생에게 '배움실험실'은 설명으로 이해되는 공간이 아니다. 이곳은 먼저 감각으로 느껴지는 공간이다. 들어가기 전부터 "여기 가도 되나", "내가 가도 되는 곳일까"를 고민하게 만드는 장소라면, 그 이름이 아무리 좋아도 학생은 쉽게 발걸음을 옮기지 않는다. 그래서 학생을 위한 안내 언어는 기능을 설명하기보다, 이 공간에서 어떤 태도가 허용되는지를 먼저 전해야 한다.

'배움실험실'은 학생에게 더 잘하라고 요구하는 곳이 아니다. 이곳은 "왜 아직 모르는지"를 묻지 않고, "어디까지는 생각해 보았는지"를 먼저 들어 주는 자리다. 학생이 이 공간에서 처음으로 느껴야 할 것은 도움이나 지도보다, 멈춰도 괜찮다는 허락이다. 그 허락이 주어질 때, 학생은 자신의 생각을 숨기지 않고 꺼내기 시작한다.

그래서 '배움실험실'은 잘 찾아온 학생보다, 머뭇거리다 들어온 학

생에게 더 잘 작동하는 공간이다. 질문이 정리되지 않았어도, 말이 엉성해도, 틀릴 것 같아 조심스러워도 괜찮다. 이곳에서는 그 상태 자체가 출발점이 된다. 학생은 여기에서 "내 생각이 틀렸을지도 모른다"는 불안을 넘어서, "틀리더라도 다시 생각해 볼 수 있다"는 감각을 얻게 된다.

이 감각이 중요한 이유는, '배움실험실'이 학생을 붙잡아 두는 공간이 아니기 때문이다. 이곳은 오래 머무는 곳이 아니라, 다시 교실로 돌아가기 위한 힘을 준비하는 자리다. 그래서 '배움실험실'에서 학생에게 주어지는 것은 해답이 아니라 질문이다. "왜 이게 안 되는지"가 아니라, "어디에서부터 다시 생각해 보면 좋을지"에 대한 실마리다. 이 실마리를 가지고 교실로 돌아갈 수 있을 때, 배움은 다시 이어질 수 있다.

학생이 '배움실험실'을 찾는다는 것은, 도움을 받으러 오는 일이 아니다. 그것은 자신의 배움이 멈춘 순간을 스스로 외면하지 않겠다는 선택에 가깝다. 이 선택이 가능해지려면, 학생에게 이 공간은 부담이 아니라 되돌아올 수 있는 곳으로 기억되어야 한다. 그래서 학생을 위한 안내 언어는 늘 이 질문으로 돌아와야 한다. "이곳에서 학생은 어떤 사람이 될 수 있는가."

'배움실험실'에서 학생은 잘하는 사람이 될 필요가 없다. 대신 다시 생각하려는 사람이면 충분하다. 이 인식이 자리 잡을 때, 학생은 누군가의 권유가 아니라 스스로의 판단으로 이 공간을 떠올리게 된다.

학생에게 이렇게 전해질 때, 이 공간은 살아난다.

학생에게 '배움실험실'이 '선생님이 보내는 곳'으로 인식될 때, 이 공간은 쉽게 부담이 된다. 그러나 "내가 다시 생각해 보고 싶을 때 떠올릴 수 있는 곳"이 될 때, '배움실험실'은 비로소 제 역할을 한다. 이 차이는 운영 방식이 아니라, 학생에게 처음 건네진 말의 결에서 만들어진다.

"틀렸어도 괜찮다"보다 "다시 생각해도 괜찮다"는 말이 먼저 들릴 때, 학생은 이 공간을 두려워하지 않는다.

이때 '배움실험실'은 교실 밖의 특별한 장소가 아니라, 교실의 시간을 조금 더 넓혀 주는 공간이 된다. 학생이 다시 돌아올 수 있다는 감각을 품고 교실로 향할 수 있을 때, 이 공간은 학생의 배움을 조용히 지탱하는 역할을 다하게 된다.

<학생을 위한 안내문 예시(교실·가정통신문)>

'배움실험실'은 정답을 빨리 말하는 곳이 아닙니다.

잘 모르겠는 생각도, 아직 정리되지 않은 말도 그대로 꺼내 볼 수 있는 곳입니다.

"여기까지는 알겠는데, 그다음이 헷갈려요."

이런 말을 해도 괜찮은 곳, 잠시 멈췄다가 다시 교실로 돌아갈 수 있는 곳이 바로 '배움실험실'입니다.

학부모를 위한 안내 언어

‘배움실험실’은 아이의 배움 태도를 지키는 과정이다

‘배움실험실’을 학부모에게 안내할 때 가장 먼저 필요한 것은, 이 공간이 무엇을 더 시키는 곳이 아니라 무엇을 지켜 주는 곳인지 분명히 하는 일이다. 이 책에서 말하는 ‘배움실험실’은 학생의 성취를 빠르게 끌어올리기 위한 공간이 아니라, 배움의 과정에서 아이가 스스로 서두르지 않아도 되는 경험을 제공하기 위해 마련된 자리다. 따라서 학부모에게는 기능이나 운영 방식보다, 이 공간이 아이의 배움 태도에 어떤 영향을 주는지를 중심으로 설명하는 것이 적절하다.

교사, 수석교사, 관리자의 위치에서는 이 공간을 이렇게 이해할 수 있다. 배움실험실은 학생을 교실에서 분리하거나 따로 다루는 공간이 아니다. 오히려 교실에서 미처 다루지 못한 생각의 멈춤을 잠시 꺼내 놓고, 다시 교실로 돌아갈 수 있도록 돕는 과정에 가깝다. 이때 중요한 것은 결과가 아니라 경험이다. 아이가 “모르겠다”고 말해도 괜찮았던 기억, 생각이 정리되지 않은 상태로도 말할 수 있었던 경험, 판단이 잠시 유예되었던 순간들이 배움실험실의 핵심이다.

그래서 학부모에게 전달되는 언어 역시, 보충이나 상담의 언어가 아니라 배움의 태도를 설명하는 언어여야 한다. 이 공간은 아이를 더 가르치기 위한 곳이 아니라, 아이가 배움을 대하는 방식이 조급해지지 않도록 지켜 주는 선택이라는 점이 분명히 전해질 필요가 있다.

학부모를 위한 안내 언어의 핵심은 이것이다.

'배움실험실'은 아이를 더 빨리 가게 만드는 공간이 아니라, 배움 앞에서 아이의 태도가 무너지지 않도록 지켜 주는 과정이라는 점이다. 이 점이 분명히 전달될 때, 학부모는 이 공간을 성과의 관점이 아니라 성장의 관점에서 이해하게 된다. 그리고 그 이해는 가정에서 아이에게 건네는 말의 결을 바꾸고, 결국 교실에서의 배움 경험을 더 단단하게 만든다.

<학부모 안내용 가정통신문 예시>

제목: '배움실험실' 운영 안내

학부모님께,

우리 학교에서는 학생들이 배움의 과정에서 느끼는 멈춤과 혼란을 조금 더 안전하게 다룰 수 있도록 '배움실험실'을 운영하고 있습니다. '배움실험실'은 성적 향상이나 보충 수업을 위한 공간이 아니라, 아이가 "지금은 잘 모르겠다"는 생각을 부담 없이 꺼내 놓고 다시 생각해 볼 수 있도록 돕는 자리입니다.

이 공간에서는 정답을 빠르게 찾는 것보다, 아이가 어디까지 이해하고 있는지를 함께 살펴봅니다. 그래서 아이의 말은 곧바로 맞고 틀림으로 판단되지 않고, 성장의 과정으로 존중받습니다. 이러한 경험을 통해 아이는 배움 앞에서 조급해지기보다, 다시 시도해 볼 수 있는 여유를 갖게 됩니다.

'배움실험실'은 교실을 대신하는 공간이 아닙니다. 이곳에서는 경험은 다시 교실로 돌아가 이어지며, 아이가 수업 속에서 자신의 생각을 조금 더 오래 붙잡아 볼 수 있도록 돕는 역할을 합니다. 학교는 이 과정을 통해 아이의 배움 태도가 흔들리지 않도록 지켜 주고자 합니다.

가정에서도 아이에게 "잘했는지, 틀렸는지"보다 "어디까지 생각해 봤는지"를 먼저 물어봐 주신다면, '배움실험실'에서의 경험이 교실과 일상으로 자연스럽게 이어질 수 있을 것입니다.

감사합니다.

<학교 알림장·문자 발송용 안내문 예시>

저학년(1~2학년)

학년 초

[안내] 본교에서는 아이들이 "모르겠어요"라고 말해도 괜찮은 경험을 할 수 있도록 '배움실험실'을 운영합니다.
이 공간은 수석교사와 담임교사가 함께 수업 중 생긴 궁금함을 다시 생각해 볼 수 있도록 돕는 자리입니다.
신청이나 선발은 없으며, 교실 수업과 연결해 필요할 때 안내됩니다.

학년 중

[안내] '배움실험실'은 아이가 수업에서 잠시 멈춘 생각을 서두르지 않고 다시 정리해 보는 과정입니다.
수석교사가 담임교사와 함께 아이의 말이 안전하게 머물 수 있도록 돕고, 이후 다시 교실 수업으로 자연스럽게 이어집니다.

학년 말

[안내] 한 해 동안 '배움실험실'을 통해 아이들은 틀리지 않아도 되는 시간, 다시 말해도 되는 경험을 쌓아 왔습니다.
이 과정은 수석교사의 지원 아래 교실 수업 속 배움의 자신감으로 이어지고 있습니다.

중학년(3~4학년)

학년 초

[안내] '배움실험실'은 수업 중 생긴 생각의 막힘을 바로 해결하지 않고 다시 살펴보는 공간입니다.
수석교사가 중심이 되어 담임교사와 함께 운영하며, 추가 학습이나 보충을 위한 프로그램은 아닙니다.

학년 중

[안내] '배움실험실'에서는 정답보다 생각의 과정을 중요하게 다룹니다.
아이가 "여기까지는 알겠는데…"라고 자신의 생각을 말해 볼 수 있도록 수석교사가 질문과 대화의 흐름을 조율합니다.

학년 말

[안내] '배움실험실'에서의 경험은 문제를 더 많이 푸는 것이 아니라, 생각을 정리하고 다시 시도하는 태도로 교실 수업 속에 남고 있습니다.
이 과정은 수석교사·담임교사의 협력으로 이어져 왔습니다.

고학년(5~6학년)

학년 초

[안내] '배움실험실'은 성취나 평가를 위한 공간이 아니라, 수업 속에서 생긴 질문을 다시 붙잡아 볼 수 있도록 돕는 자리입니다.
수석교사가 이 공간의 취지와 방향을 책임지고 안내합니다.

학년 중

[안내] '배움실험실'에서는 아이가 자신의 생각을 끝까지 말해 볼 수 있는 경험을 중요하게 다룹니다.
이 과정에서 수석교사는 답을 주기보다, 생각이 이어질 수 있도록 대화를 지원합니다.

학년 말

[안내] '배움실험실'은 한 해 동안 아이가 배움 앞에서 쉽게 단정하지 않고 다시 생각해 볼 수 있도록 과정의 언어를 남기는 역할을 해 왔습니다.
이는 수석교사가 중심이 되어 학교 차원에서 지켜 온 선택입니다.

<학부모와 자녀의 대화 예시>

'배움실험실'을 알게 되었을 때

- **학부모:** 학교에 '배움실험실'이라는 곳이 있대.
- **아이:** 거기서 뭐 해요?
- **학부모:** 공부를 더 시키는 곳은 아니고, 수업하다가 헷갈렸던 걸 다시 생각해 볼 수 있는 곳이래.
- **아이:** 틀리면 혼나는 거 아니에요?
- **학부모:** 아니래. 거기는 맞고 틀린 걸 바로 정하지 않는 곳이래. 네가 어디까지 생각했는지만 같이 보는 거래.
- **아이:** 그럼 한번 가 봐도 괜찮을 것 같아요.

'배움실험실'을 다니고 있을 때

- **학부모:** 오늘 '배움실험실'에서는 어땠어?
- **아이:** 바로 답을 안 말해도 돼서 좋았어요.
- **학부모:** 뭘 했는데?
- **아이:** 제가 어디까지는 알겠는데, 그다음이 헷갈린다고 말했어요. 선생님이 그 생각을 좀 더 말해 보라고 했어요.
- **학부모:** 그랬구나. 답을 못 맞혀도 괜찮았어?
- **아이:** 네. 틀렸다고 안 해서, 좀 더 말해 볼 수 있었어요.

‘배움실험실’을 마치고 교실로 돌아간 이후

- **학부모:** 요즘 수업은 어때?
- **아이:** 예전보다 바로 넘어가지 않고, 한 번 더 생각해 보게 되는 것 같아요.
- **학부모:** 그래?
- **아이:** 네, 잘 모르겠는 문제를 만나도 ‘나중에 다시 생각해 볼 수 있겠다’는 생각이 들어요.
- **학부모:** 그게 중요한 것 같아. 공부를 잘하려고 서두르기보다, 생각을 지키는 게 먼저니까.

이 공간이 지키기로 한 말들

지원을 책임으로, 배움을 안전으로 바꾸는 문장

‘수석교사실’이라는 이름은 이 공간이 어디에 있는지를 알려 주는 말이다. 그러나 ‘교수-학습 지원센터(배움실험실)’라는 이름은, 이 공간이 어떻게 작동하는지를 설명하는 말이다. 그래서 수석교사실 문 앞에는 두 가지 언어가 필요해진다. 하나는 ‘여기가 수석교사실이다’라는 장소의 안내고, 다른 하나는 ‘이 문을 열고 들어오면 어떤 말과 태도가 허용되는가’를 알려 주는 작동의 언어다. 이 현판은 공간을 꾸미기 위해 붙여진 문장이 아니라, 이곳이 어떤 방식으로 사용되기를 선택했는지를 분명히 하기 위해 붙여진 약속에 가깝다.

<'교수-학습 지원센터(배움실험실)' 현판 문구 예시>

> **교수-학습 지원센터(배움실험실)**
> - 지원의 이름으로 학교가 책임지는 공간
> - 틀려도 괜찮고 다시 말해도 괜찮은 공간

이 문구는 공간을 꾸미기 위한 문장이 아니다. 이 공간을 사용하는 방식에 대해 학교가 스스로에게 건네는 약속에 가깝다. '교수-학습 지원센터(배움실험실)'는 무엇을 더 하겠다는 선언이 아니라, 무엇을 혼자 감당하게 두지 않겠다는 선택에서 출발한다. 그래서 이 공간을 설명할 때 가장 먼저 등장해야 할 말은 프로그램이나 활동이 아니라, 책임의 위치에 대한 분명한 언어다.

'지원의 이름으로 학교가 책임지는 공간'이라는 문장은 '교수-학습 지원센터'가 개인의 부족함을 보완하는 장소가 아님을 분명히 한다. 이곳은 교사나 학생이 도움을 요청해야만 열리는 자리가 아니라, 수업과 배움에서 생기는 어려움을 개인의 역량 문제로 돌리지 않겠다는 학교의 태도를 담은 공간이다. 교사가 혼자 고민하지 않아도 되고, 학생이 혼자 멈춰 서 있지 않아도 되는 조건을 학교가 구조로 마련하겠다는 선언이다. 이 문장은 누군가를 평가하거나 설득하기 위한 설명이 아니라,

학교가 어떤 책임을 지기로 했는지를 스스로 확인하는 말이다.

그 책임이 실제로 작동하기 위해 필요한 것이 바로 '배움실험실'이라는 이름이다. 배움실험실은 특별한 실험을 하는 공간이 아니다. 여기서의 실험은 결과를 증명하거나 성취를 보여 주기 위한 시도가 아니라, 생각이 멈춘 지점을 다시 꺼내 보는 과정이다. 틀렸다는 이유로 말이 중단되지 않고, 정리가 되지 않았다는 이유로 생각이 밀려나지 않도록 하는 연습의 공간이다. 그래서 배움실험실은 학생에게 가장 먼저 '괜찮다'는 감각을 건네야 한다.

'틀려도 괜찮고, 다시 말해도 괜찮은 공간'이라는 문장은 공간이 허용하는 최소한의 조건을 담고 있다. 여기에서 괜찮다는 말은 모든 것이 허용된다는 의미가 아니다. 오히려 판단과 평가를 잠시 뒤로 미루고, 말이 충분히 놓일 수 있는 시간을 지키겠다는 약속에 가깝다. 이 약속이 지켜질 때, 학생은 자신의 생각을 끝까지 말해 볼 수 있고, 교사는 곧바로 설명하거나 정리하지 않아도 되는 여유를 가질 수 있다.

이 두 문장이 함께 놓일 때, '교수-학습 지원센터(배움실험실)'는 기능과 경험이 분리되지 않은 공간이 된다. 학교는 책임을 말하고, 학생은 안전을 경험한다. 교사는 지원받는 사람이 아니라, 혼자 버티지 않아도 되는 조건 속에 놓인다. 이 문구는 그 모든 과정을 대신해 주지 않는다. 다만 이 공간에서 무엇을 먼저 지키기로 했는지를 분명히 보여 준다.

이 문구를 문 앞에 붙인다는 것은, 이 말이 언제나 그대로 실현된다는 뜻이 아니다. 오히려 이 문구는 흔들릴 때마다 다시 돌아와 확인해야 할 기준에 가깝다. 너무 빠르게 해결하려 할 때, 누군가의 말을 평가로 돌려보내려 할 때, 이 문구는 묻는다.

- 우리는 여전히 책임을 학교에 두고 있는가
- 말이 머물 수 있는 시간을 지키고 있는가

그 질문에 고개를 끄덕일 수 있을 때, 이 공간은 비로소 이름대로 작동하기 시작한다.

부록

'교수-학습 지원센터(배움실험실)' 구축·운영을 위한 현장용 체크 가이드

이 부록은 '교수-학습 지원센터(배움실험실)'을
설명하기 위한 글이 아니라,
실제로 시작하고 운영하기 위한 도구입니다.
앞선 2부가 '왜'와 '어떤 태도'를 다뤘다면,
이 부록은 그 선택을
흔들리지 않게 지켜 주는
최소한의 절차와 점검표를 담고 있습니다.

부록 1.

'교수-학습 지원센터(배움실험실)' 구축 절차

0단계. '이름'부터 합의했는가

- 공식 명칭: 교수-학습 지원센터(배움실험실)
- 교직원 공유 문장

  '교수-학습 지원센터'는 학교가 책임을 지겠다는 구조의 이름이고, '배움실험실'은 그 책임을 서두르지 않는 방식의 이름이다.
- 학생 안내 문장

  '여기는 정답을 빨리 말하는 곳이 아니라, 어디서부터 다시 생각할지 같이 보는 곳이다.

1단계. 하지 않기로 한 것이 분명한가

다음 항목 중 합의된 것에 체크한다.

□ 보충반처럼 진도 따라잡기를 목표로 하지 않음

□ 상담실처럼 정서 상담을 대신하지 않음

□ 진단·평가·점검 결과를 남기는 자리가 아님

□ 즉각적인 수업 처방과 해결책을 제시하지 않음

□ 성과(점수, 등급) 보고를 요구하지 않음

2단계. 교사 지원과 학생 지원이 구분되어 있는가

□ 교사 지원 모드: 수업 장면, 판단, 고민을 말로 꺼내는 자리

□ 학생 지원 모드(배움실험실): 막힘, 생각, 질문을 안전하게 말하는 자리

□ 요일, 시간, 표지판, 예약 방식 구분

3단계. 관리자와 합의된 보호 조건이 있는가

관리자와 다음 조건에 대해 합의했는지 점검한다.

□ 성과를 먼저 요구하지 않는다.

□ 방문한 교사, 학생의 말이 평가로 환원되지 않도록 보호한다.

□ 개인 시도가 아니라 학교의 선택임을 공유한다.

4단계. 운영 흐름이 단순한가

□ 교사 방문 흐름

① 수업 장면 1개 가져오기

② 말이 먼저 놓이는 시간 갖기(평가 유예)

③ 멈춘 지점 확인하기(원인 규정 x)

④ 교실로 가져갈 질문 1개 만들기

⑤ 다음 수업에서 시도 1개 실행하기

□ 학생 방문 흐름(배움실험실)

① 멈춘 지점 말하기

② 생각을 꺼내기

③ 다시 말해 보기

④ 교실로 가져갈 문장 만들기

⑤ 교실에서 다시 시도하기

5단계. 예약, 동선, 기록이 가벼운가

□ 예약 방식: 한 줄 신청(메신저, 구글폼 등)

□ 동선: 들어오면 바로 보이는 안내 문구

□ 기록: 평가 기록 없음, 남기는 것은 '되돌릴 질문' 1개

6단계. 시범 운영을 작게 시작했는가(약 4주)

□ 1주차: 소수 사례(교사 2~3명, 학생 2~3명)로 시작

□ 2주차: 운영 시간, 동선 조정

□ 3주차: 질문, 문장 정리

□ 4주차: 관리자와 조건 점검만 공유

7단계. 흔들릴 때 돌아올 질문이 있는가

운영 중 스스로에게 던질 질문

□ 지금 해결을 서두르고 있지 않은가?

□ 지금 누구의 말이 먼저 놓이고 있는가?

□ 지금 교실로 되돌릴 질문을 남기고 있는가?

8단계. 학교 언어로 연결되고 있는가

□ 교육 과정 문서와 연결

□ 자율장학·협의 구조와 연결

□ 개인 운영이 아닌 학교 언어로 공유

부록 2.

운영 점검 체크리스트

- 점검 권장 주기: 학기 초, 중간, 말
- 사용 방법: ✔ 그렇다 / △ 부분적으로 그렇다 / ✖ 아니다로 표시 후, 짧은 메모

이 체크리스트는 평가용이 아니라, 운영자가 스스로 돌아보기 위한 기록입니다.

공간의 성격 점검

☐ 이 공간이 보충 수업이나 상담실로 오해되지 않도록 처음에 설명하고 있는가?

☐ 이 공간에서 나눈 이야기가 평가나 점검으로 이어지지 않도록 보호되고 있는가?

☐ 교사와 학생이 "여기서 이 말을 해도 괜찮다"고 느끼는 분위기가 유지되고 있는가?

메모

대화의 언어 점검

- □ "왜 안 됐을까?"보다 "어디에서 멈췄을까?"라는 질문이 먼저 나오고 있는가?
- □ 조언이나 해결보다, 충분히 말할 시간을 먼저 지키고 있는가?
- □ '결과'보다 '과정'을 함께 살피는 대화가 이루어지고 있는가?

메모

수석교사의 위치 점검

- □ 내가 다시 '답을 주는 사람'으로 서고 있지는 않는가?
- □ 교사의 고민을 대신 해결하려 하기보다, 함께 정리하고 있는가?

□ 이 공간이 나의 전문성을 증명하는 자리가 되지 않도록 스스로 점검하고 있는가?

메모

교실로의 연결 점검

□ 배움실험실의 경험이 교실 수업으로 자연스럽게 이어지고 있는가?
□ '해결'보다 이해의 방향이 정리된 상태로 교실로 돌아가고 있는가?
□ 이 공간이 교실을 대신하지 않고, 교실을 지지하고 있는가?

메모

흔들림 신호 점검

- □ “이렇게까지 보호해야 하나?”라는 생각이 들었다.
- □ 운영이 느리다는 이유로 조급해지고 있다.
- □ 이 공간을 프로그램처럼 정리하고 싶은 유혹이 생겼다.

메모

나오며

⋮

선택을 남겨 두는 일

이 책을 쓰는 동안, 나는 여러 번 같은 질문 앞에 멈추어 있었다. 이 이야기가 누군가에게는 너무 느리게 느껴지지는 않을지, 혹은 "그래서 무엇을 하라는 말인가?"라는 답답함으로 남지는 않을지 스스로에게 묻게 되었다.

그러나 결국 이 책은 그 질문에 곧바로 응답하지 않기로 선택했다. 이 책이 다루고 있는 것은 새로운 제도나 즉각적인 해결책이 아니다. 또 하나의 모범 사례를 제시하는 일도 아니다.

오히려 이 책은 학교가 너무 빠르게 지나쳐 온 장면들, 말이 미처 놓이지 못한 채 정리되어 버린 순간들을 다시 꺼내어 바라보는 기록에 가깝다.

그래서 이 책은 "이렇게 하라"라고 말하지 않는다. 대신, "그때 다른 선택도 가능하지 않았을까?"라는 질문을 조용히 남겨 둔다.

'교수-학습 지원센터(배움실험실)'는 이 책의 중심에 놓여 있지만, 그 이름 자체가 목적은 아니다. 이 이름은 학교가 교수와 학습을 어떤 태도로 다루기로 선택했는지를 공간의 언어로 드러낸 결과에 가깝다. 교사와 학생의 말이 곧바로 평가로 번영되지 않아도 되는 조건, 멈춤과 질문이 허용되는 시간을 학교가 구조로 감당하겠다는 선택이 그 이름 안에 담겨 있다. 그래서 이 공간은 완성된 모델이라기보다, 계속해서 확인해야 할 기준에 더 가깝다.

이 책을 덮는 순간, 독자는 각자의 자리로 돌아가게 될 것이다. 누군가는 이 책을 수석교사의 역할을 다시 생각하는 계기로 읽을 것이고, 누군가는 학교 안의 공간을 다르게 바라보는 눈을 얻게 될 것이며, 또 누군가는 '내가 느끼던 이 망설임이 나만의 것은 아니었구나'라는 작은 안도감으로 이 책을 닫을지도 모른다.

그 어느 쪽도 괜찮다.

이 책은 특정한 결론으로 독자를 이끌기보다, 각자의 자리에서 다시 생각해도 괜찮다는 감각을 남기고 싶었다.

학교는 늘 선택의 연속 위에 있다. 그 선택은 때로 제도라 되고, 때로는 공간으로 남으며, 때로는 아무 말 없이 사라지기도 한다.

이 책이 그 선택의 순간마다 잠시 멈추어 “지금 우리는 무엇을 너무 빨리 정리하고 있는가?”를 스스로에게 묻게 하는 기준으로 남기를 바란다.

그리고 그 질문이 다시 생각해도 되는 학교를 조금 더 오래 가능하게 해 주기를, 조심스럽게 기대해 본다.